60歳のトリセツ

黒川伊保子
Ihoko Kurokawa

はじめに～60歳の脳スイッチング、済ませましたか？～

正しく生きる。
それが、日本の掟である。
なぜか、多くの人が、みんなそう思っている。

健康で、頭の回転が良く、美しくてスタイルも良く、運動神経も良くセンスも良く、思いやりも情熱もユーモアもある人——まぁ、ざっとこんな感じが、ほとんどの日本人が思う「正しい人間」なのではないだろうか。
正しい人間になることを親に望まれ、自分でも望み、努力して生きている人は、本当に多い。少なくとも、そう努力する姿勢を見せないと、日本という国では生きにくいしね。

ところで、なぜ、正しく生きなきゃいけないのか、考えたことはありますか。

健康や運動神経やユーモアは、自分が気持ちよく生きるためにある程度は必要だけど、頭がぼやっとしていて、美しくなくても、別に良くない？

良くないでしょ！

そう思ったあなた。そう、良くないのである。50代までは。

人が「人に後ろ指をさされず、愛され、尊重されて生きていきたい」と希求するのは、生殖のためだ。ちなみに、生殖は、この星の生き物たちの脳の第一ミッションである。そうでないと、絶滅してしまうから。というか、おそらく因果関係は逆で、「生殖を第一義とする生物だけが生き残っている」んだと思う。

ただし、だからと言って、すべての人が「子どもを持たなければならない」わけじゃない。私は、ヒトの脳を電気回路装置として見立て、人間関係を脳という装置のネットワークシステムに見立てている。この研究の立場から言えば、子どもを持たず、人生資源（時間、お金、意識、労力）を社会のため、あるいは自分のために使い尽くす人がいないと、社会は回らない。すべての装置が、子育て（人生資源を子どもに使い切ってしまうイベント）で「性能ぎりぎり」になってしまったら、システムダウンの可能性だってあるからだ。

特に、子どもを持たない女性の母性は、子どもに使わない分、社会に公平に使われていることが多い。仕事や家庭や趣味に、慈しみの光を当てるように。結果、組織が円滑に回り、人類繁栄に寄与しているのである。

この星の動物たちの脳は、基本、生殖を第一義にされているが、子どもを持つかどうかはまた別の話。生殖本能（恋して育む気持ち）を別のところで昇華していく人も不可欠なのだ。というわけで、子どもを持たなかった、あるいは持てなかった人が、脳の目的を達せなかったわけじゃない。余談だけど、脳機能論の研究者として、このことは、しっかり言っておきたい。

さて、とはいえ、脳は、生殖本能に突き動かされている。この本能が、「群れの中で認められ尊重される存在にならないと、やばい」と言ってくるのである。

子育てリスクの大きい哺乳類の多くは、群れで子育てをしている。中でも人類の子育ては、動物界最大のリスクとコストを余儀なくされている。女たちは、1年近くも身ごもり、命がけで出産し、その後も血液を母乳に変えて与え続ける。人類の授乳は、自然界の中では3～4年に及ぶ。そもそも、生まれて1年近くも歩けないなんて、人類だけだし。そんな人類の女性たちにとって、単独で子育てをするのは不可能に近い。当然、群れの中で、仲間外れになることなく、うまく立ち回ることは、生きるための必須条件なのだ。男たちのほうも、何万年もチームで狩りを行ってきた。縄張りもチームで守ってきたのである。

というわけで、人類にとって、「仲間外れにならない。あわよくば、重要人物になる」ことは、生殖の基本中の基本。異性に選ばれ、群れに容認されなければ、なんびとも、遺伝子を残すことはできないのである。

そのようなわけで、脳は本能的に「正しい人間でいたい」と希求するわけだけれども、それって、60代以上の私たちにも、本当に必要？　もう、生殖の必要もないのに？

私は、この国の60代の人たちが、必要以上に頑張りすぎるように思えてならない。50代までの人生哲学に縛られて、頑張らなければいけない気になってる。それが、自分の首を絞めているのに気づきもしないで。

自分の首を絞めているだけじゃない。若い人たちに、ストレスを与えたりもしているのである。

たとえば、孫育てのワンシーンを想像してほしい。

「○○さんちの孫、10か月なのにもう歩いてるのよ。最近の子は早いわね……ってか、この子、もうすぐ1歳なのに大丈夫なの？」なんて、娘や嫁に言ったりする。これは、天下の御法度である。〝心配〟は、婆の仕事ではなく、母親の仕事であって、実際、母親はうんと気にしているはず。ここで年寄りが言うべきセリフは「大丈夫、大丈夫。坂本龍馬なんて、2歳まで歩まず、3歳までしゃべらず、だったんだってよ」しかない。

60過ぎて、「生殖のど真ん中にいるかのように、正しい人間であろうとし、孫までも正しい人間であるように願う」なんて、自分も苦しいし、子どもたちもウザくてしかたない。

50代までの人生と、60歳からの人生は、脳の生きる目的が違う。

50代までは、生殖期間（産める期間じゃなく、子どもを一人前にするまでが生殖期間だ）である。自ら正しく生きようとし、子どものそれも推進してやる必要がある。

けれど、60になったら、その呪縛から解放されて、おおらかな感性で生きなきゃね。そもそも「頭の回転が良く、美しくて、スタイルもいい」なんて、生きる指針にしていたらつらすぎる。それらは、60にもなれば、万人が失っていくもの。これを指針にしていたら、ボケるのが怖いし、老けるのが怖くてしかたなくなる。必ず行く道なのに、怖がって抵抗するのは、人生の無駄遣いでは？

60歳の脳スイッチング、できてますか？

60代は、新しい人生の「新人」に当たる。実は、とても輝かしい10年なのである。

ほんとよ。

私は、今年64歳になる。毎日、すこぶる上機嫌で生きている。脳をスイッチングして、自分に優しく、他人にも優しい、ゆる〜い人生を送っているからだ。

60歳。

無事に生きながらえて、私の本を読んでくれるだけの向上心がある方なら、きっと、人に後ろ指をさされないために、勉強をし、仕事（家事）をし、身ぎれいにし、ことばにも気を付けてきたはずだ。そして、子どもたちにもそれを遂行させてきたはず。

本当に、お疲れさまでした。

でも、もう、世間を気にするのは止めていい。

この本では、いろんな「気にする」を捨ててもらおうと思っている。

それでは、ついてきてね。

目次

はじめに〜60歳の脳スイッチング、済ませましたか?〜……2

第1章 「若さを気にする」を捨てる

「美しいほうが勝つ」ゲーム(女性編)……18
50代の「女性ホルモン出てる偽装」……20
「美しいほうが勝つ」ゲーム(男性編)……21
キレイかどうかは、どうでもいい……23
人の美醜をとやかく言うことを止める……24
若さへの憧憬を断ち切る……25
なんたってゴージャス……26
生まれつきの美醜の差がなくなる……28

第2章

「ボケを気にする」を捨てる

「老い」は、優しい魔法……32
人の一生は、委ねて始まり、頼って終わる……34
ふと浮かびそうになって、消えていく何か……35
気づく能力は、60代が最高潮……36
自分ができすぎて、35歳以下が怠慢で指示待ち人間に見える……39
60になったら、家族や部下を大目に見よう……41
定年夫たちへ……42
気づきすぎる苦しみ……44
脳のブレーキ……45
明日できることを今日するな……47
未来の自分にメールする……49
家族ラインは熱烈おススメ……50
脳の心配より、体力の維持……51
身体を動かす、好きなこと……53
60の手習い……54

小脳のパッケージ化……58
60代のスピードを楽しむ……59
60代は旅と習い事の好機……62

第3章 「子どもを気にする」を捨てる

脳は、要らないものから忘れる……64
脳が、憂いから解き放たれる瞬間……66
母たちの恩……68
成人した子どもに、小言を言っても甲斐がない……71
「結婚」と「出産」は禁句である……72
「子どもを持って一人前」なんてナンセンス……74
脳は寿命を知っている……76
一つの星を知れば、すべての星が手に入る……78
生まれてきてくれて、ありがとう……80
死んだように見えるけど、そうじゃない……83
わが子は、砂漠で出逢った小さな王子さま……85

孫の心配は、いっそうしてはいけない……86

第4章 「老いと死を気にする」を捨てる

脳の〝賞味期限〟……90
脳のピークは56歳から始まる……91
最初の28年は入力装置……93
感性記憶力の時代……94
人工知能時代の子育てメソッド……96
大人はわかってない……100
14歳の自分に再会しよう……102
15歳、大人脳の完成……106
がむしゃらすぎて、方向感覚がなくなる……107
四の五の言わずに走れ……108
社会的自我が立つとき……109
30歳のインスピレーション……110
唯一無二の地球旅……112

迷いと惑いの30代……113
30代は結婚しにくい……115
脳は失敗したがっている……117
失敗を受け止めて、止まり木になる……118
失敗三カ条……120
第一条　失敗は、他人のせいにしない……122
他人の失敗を横取りする……123
若い人に出世のコツを伝授する……124
第二条　過去の失敗を、くよくよ言わない……125
第三条　未来の失敗を、ぐずぐず言わない……126
失敗ばかりなのは、運命じゃなく自分のせい……127
成功体験は「なにかとうまく行く人生」をつくり出す……129
祝福は、何歳からでも効果がある……131
60代の成功体験も大切にしよう……132
「不惑の40代」は「物忘れの40代」……133
60代は忘れ放題……135
50代、誰もが何かの達人になる……138

63歳、押しも押されもせぬ人生の達人……141
若い脳に敬意を抱こう……142
脳の中の「〇〇すべき」を呑み込もう……143
60代は、誰でもコンサルタント……145
80歳のアドバイス……146
自分の棚卸し……149

第5章

「夫を気にする」を捨てる

まずは、プライベート時空の確保……152
夫婦は「一緒にいる」のに向かない仲……153
夫婦の愛着を培う「暮らしの気配」……155
笑顔は、愛着を育てる……157
習慣は、夫婦の絆になる……158
この世は本当によくできている……161
夫婦喧嘩も種の保存の一環……163
ことの是非より、妻の気持ち……164

神のプログラム……165
生殖プログラムを終了させよう……166
女性脳の警戒スイッチ……168
女の恋には賞味期限がある……169
共感は、恋を永遠にしてくれる……171
夫のことばを裏読みしない……173

第6章 「友を気にする」を捨てる

男たちが会うには、理由が要る……176
距離の取り方がわからない……178
率直に気持ちを伝えればいい……180
「夢中になれる何か」を決めること……181
自分の陣地を決める……182
友を気にする、を捨てる……184

おわりに……186

第1章

「若さを気にする」を捨てる

60にもなると、鏡に映った自分や、集合写真に写り込んだ自分の姿にがっかりすることが増えてくる。そりゃそうだろう、若いときに自分とか、今を盛りの娘やおよめちゃんと較べたらため息も出るよ。そこと較べるのはナンセンスである。だって、まったく無意味だもの。

だってそうでしょう？　その較べた相手と、同じ男を競うわけじゃない。「美しいほうが勝つ」ゲームをしているわけじゃない。

なのに、なぜ較べてしまうのかといえば、実は、「生殖期間中の癖」なのである。生殖期間中は、たしかに潜在意識下で「美しいほうが勝つ」のゲームが展開されていたのである。

「美しいほうが勝つ」ゲーム（女性編）

そもそも、豊かなバストと引き締まったウェスト、弾むようなヒップは、女性ホルモン・エストロゲンが与えてくれるものだ。排卵をほう助するエストロゲンは、妊娠に備えて準備する役割も担っている。妊娠中の栄養を担保するために、脂肪と水分を身体に蓄えようとするわけだけど、お腹にため込むと胎児の邪魔になるので、ここの皮下脂肪を少なく、バストとヒップにため込むから、コカ・コーラのクラシックボトルのような美しい三次元曲線になるわけ。また、脂肪と水分のキープ力は、当然、肌にも好影響で、透明感のあるもち肌になる。

美しいボディラインのもち肌の女性に、男性たちが惹かれるのも、女性ホルモンが豊富で、生殖に適した個体であることを認識するからだ。そして、女性たちもまた、ボンキュッパ＆美肌の女性に憧れて一目置く。女性たちのコミュニティで、美女たちの発言は、けっこう尊重されている。

その理由は、群れの中に美女がいるのは、群れ全体の生殖能力を底上げするからじゃないだろうか。哺乳類の雌は、群れ全体で一緒に発情期を迎えることが多い。そのほうが、おっぱいを融通できたりして、子どもの生存可能性が上がるからだろう。人類も例外ではない。共に暮らす女性たちの月経周期が揃うのは、経験上、誰でも知っていること。そして、コミュニティの中に、女性ホルモンを順調に分泌して、安定した月経周期をもつ女性がいれば、多少ホルモンバランスの悪い女性も、それにつられることになる。美女は、周りの女性たちを底上げしてくれるのである。だから、美女は、群れの中で、男性にも女性にも尊重されて、得をすることになる。

50代の「女性ホルモン出てる偽装」

このため、女性たちは、作ってでもボンキュッパボディと美肌に見せかけて、男たちにちやほやされることを目論み、女同士のマウンティングにも勝とうとしてしまうのである。生き残るための切なる戦略！　だもの、女子会で「あなた太ったんじゃない？　どうしたの、そのお腹」なんて言われた日には、地獄に落とされた気がするわけだ。

こんな呪縛の中に、40年ほど身を置いてきた50代は、エストロゲンの減少によって、しぼむバストやヒップ、膨らむウェスト、たるむ肌に、うんとあわててしまう。かくして、「50代なのに、30代に見える美魔女」なるものを目指して、お金を放出させる市場が存在しているというわけ。ここで、「キレイ」と言われたって、もう生殖もしないのにね。男たちの目線も、女同士のマウンティング合戦に勝つことも、人生にまったく、何の恩恵ももたらさない。脳科学的には、なんと無駄な努力をすることよ、と見えてしまう。

とはいえ、50代は、お金をかければ、まだ「女性ホルモン出てる偽装」ができる年代だから、まあ、偽装を楽しむという意味ではいいのでは？　人生長いからね。いろいろ、楽しみ方があっていい。

「美しいほうが勝つ」ゲーム（男性編）

男性たちも、背が高く、足が長く、胸板が厚く、肩幅が広く、しなやか筋肉に包まれた、美肌の持ち主——たとえば大谷翔平みたいな個体には、きっと負けた気がするはずだ。

真実、負けているのである。あの身体は、圧倒的な免疫力の持ち主であることの証だから。母親のお腹の中でもらった男性ホルモンが豊富で、免疫力が高い男子が、成長期に恵まれた環境にいた証なのである。

動物のメスたちは、おしなべて免疫力の高いオスに惹かれる。当然、自分の子孫に、圧倒的な免疫力を授けたいからだ。背の高い、しなやかな筋肉のイケメンは、多くの女子に支持されるわけだ。

そのことを、男性たちも本能で知っている。そして、薄い毛髪、シミ、シワ、筋肉のたるみ——老いのビジュアルは、免疫力が下がってきた証拠。なんと加齢臭は、若いメスに「この個体は生殖に向かない」ことを伝えるサインにもなっているのだ。

だとするならば、男性たちも、50代、少し焦るのではないかしら。でもね、60歳、生殖期を終えて、次の人生が始まったのである。もう、背の高いイケメンに、何も奪われたりしない。そう考えれば、人間としての評価がビジュアルに左右されないいい年代が始まったと言えるかもしれない。多少の老いが鏡に映ったからと言って、がっかりすることはない。

ただ、男性たちは、女性と違って、まだ生殖の可能性もゼロじゃないし、もてたい気満々で、身ぎれいにしているダンディな60代男子を私は大好きなので、あきらめないで努力してくれてもいいかも（勝手）（微笑）。

キレイかどうかは、どうでもいい

女性たちには、やはり、美醜から解放されてほしい。

60代に入ってくると、「女性ホルモン出てる偽装」も、難しくなってくる。60になっても、「女性ホルモンのもたらす美」を礼賛していると、どうにも越えられない年齢の壁を感じて気持ちが落ち込み、かえって早めに老け込んじゃうことに。

60になる前に、「キレイかどうか」は、後半の人生には関係ないことを腹に落としておこう。

60になったら、体重やウェストサイズは、健康管理のためだけに気にすればいい。

60になったら、人によって、適正体重はかなり違ってくる。若いときより少し重めのほうが体力があっていい、と言う人もいれば、少し軽めのほうが膝が楽でいい、と言う人もいる。運動するかしないか、消化力があるかないかにも関わってくる。

自分が快適に生きられる体重をつかんだら、それを維持できる暮らしをすればいい。

他人の「太った?」「痩せた?」にいちいち反応しなくていい。とやかく言われたら、「あらそう? 適正体重をキープ中だから、あまり気にしてないけど」と鷹揚に微笑んでおけば?

人の美醜をとやかく言うことを止める

人の美醜をとやかく言うことを止めると、自分の美醜も気にならなくなる。女子会で「あなた、太ったんじゃない?」「どうしたの? 顔色悪いよね」「そのシミ、レーザーで消せるのに」などなど、ネガティブな指摘をする癖のある人は、即刻、止めたほうがいい。大切な友のために心配でそう言わずにはいられないんだろうけど、その心配がもう無用なのだもの。60年も生きれば、そりゃいろいろあるだろうよ。シミもできるし、肌色がくすむことだってある。仮に、それが肝臓の数値が悪いせいだったとしても、本人に自覚症状がなければ、女子会で指摘されても、医者に行くわけじゃないから、あまり意味はない。

60過ぎたら、女友だちの役割は、ポジティブなことを言い合って、互いの気持ちを上げるためにある。もちろん、一緒に悲しがったり、悔しがったりしてあげることもあるけれど、それは、相手がそれを望んだときに限る。

若さへの憧憬を断ち切る

さて、そのポジティブなことばを言い合う際に、気を付けてほしいことがある。

「若々しい」「若く見える」という褒めことばは禁忌にしよう。これを褒めことばにしていると、言った人も言われた人も、いつまでたっても、若さへの憧憬から抜けられない。

若いって、本当に美しいことだ。けれどそれは、生殖のための武器。生殖の土俵から降りた私たちには、要らない武器なのである。

生殖のための美しさをまとった人たちは、私たちとは違う生き物だと思ったほうがいい。白鳥を美しいと思うように、彼女たちを美しいと思えばいい。「私にだって、かつてあったもの」「あわよくば、今だって、なんとかなるかもしれないもの」なんて思わないことじゃないかなぁ。

なんたってゴージャス

60代70代には、その年代の美しさがある、メリル・ストリープやダイアン・キートンなんて、60過ぎてからのほうが本当に素敵。皺《しわ》やあごのたるみはもちろんあるけど、笑顔とユーモアに、「幾多の人生の荒波を越えてきた経験値」を感じさせてゴージャスだ。

ゴージャスと言えば、映画『マンマ・ミーア！ ヒア・ウィー・ゴー』に登場した歌姫シェールは、超ゴージャスだった。2018年公開の映画で、彼女は1946年生まれなので、撮影時にはおそらく70歳を超えていたと思う。けっして若く見えるわけじゃない、ちゃんと70歳に見える。なのに、立ち居振る舞いのエレガントさとユーモアで、ひときわ輝いていた。そこに立っただけで、「幾多の人生の荒波を越えてきた経験値」を伝える女優。これは50代までの女優にはできないことでは？　演技じゃなくて、「存在」が伝える感性情報なのだもの。

私は、ダイアン・キートンみたいなキュートな60代を過ごして、シェールみたいなゴージャスな70代になりたい。ずっと、そう願っている。だから、「若く見える」と言われてもピンとこない。

そう、私たちの脳には、「幾多の人生の荒波を越えてきた経験値」がある。後は、笑顔とユーモアだけ。それって、誰にだってできることだ。

そう考えてみると、生まれつきの美醜が顕著に出る若いころに較べて、60代の美醜って、公平なのかもしれない。

生まれつきの美醜の差がなくなる

60代に入ると、目鼻立ちの美醜って、それほど差がなくなってくる。まだ50代の方は、そんなことないでしょう、と思うかもしれないが、これがほんっと、そうなのだ。

誰もが、まぶたがたるんで目が小さくなってくるし、あごのラインがゆるんでくるし。かつては差があっても、その差がうんと縮んでしまうのである。気後れするほど美しかった人が、案外普通になって、そうでもなかった人が、それほど劣化してなかったり。

ウエストだってバストだって、若いころは10センチ違えば、身体のラインがぜんぜん違って見えたけど、年を取ってくると、三次元曲線がきれいに出ないので、太ってようが痩せていようが、あんまり変わらない。

基本的には、男性も同じだ。

美醜のエッジが効かない。これが、60になるってことだ。

今まで、美人やイケメンで売ってた人には気の毒だけど、もうそれはウリにはならない。60代になって、「素敵」と言われる人たちは、表情が豊かで、ユーモアのある人。この2つは、ありがたいことに、いくつになっても、努力で保つことができる。多少ボケても、笑顔とユーモアがあれば、一緒にいる人を幸せにすることができるもの、生きている甲斐があるってことだ。

第2章

「ボケを気にする」を捨てる

若いときの身体を100点とするならば、これから先、ゆっくりと点数は低くなっていく。

それは、悲しむべきことでもないし、逆らうべきことでもない。なぜなら、若く、生きる気満々の細胞と神経系で死んでいくことは、かなり苦しいことだからだ。動く気満々の心臓が止まるなんて、想像しただけでも苦しそうだし、実際、そういう状況から生還した人は、そう言う。

誰もが人生を卒業する。60まで生きてきたら、後は、その卒業をいかに楽に迎えるかが、人生最大のテーマである。その観点から言えば、「老い」は、死を楽にするために、脳が与えてくれたプレゼントだ。生まれたときから、脳と神経系に仕込まれているイベントなのである。

「老い」は、優しい魔法

たとえば、歩けなくなると、脳は世界観を小さく折りたたもうとする。玄関までもたどり着けない身体に、「世界の果てまで行ってみたい、瑞々しい好奇心」が載っていたら残酷でしょう？　脳は世界をうんと狭くして、外のことがわからなくなるのである。子は、そういう親を「ボケた」と言うけれど、見方を変えたら、脳が優しい魔法をかけてくれたのに他ならない。

私の母は、88歳を超えてから、歩くのが困難になって、世の中のことがよくわからなくなったけど、トイレまで歩けて、美味しくものが食べれたので、十分だった。季節ごとの美味しいものを楽しみ、庭の花を愛でて、最後まで私と弟を忘れず、２年ほどしたある日、眠ったまま目を覚まさなかった。

その前日、あらゆるバイタルデータが一気に低くなった。すべて臓器の細胞が一斉に活動を止めたのである。これこそが、理想の卒業だと私は思う。一部の臓器が生きようと抵抗して苦しがることもなく、身体中の細胞が一斉に活動を止めて、静かに心臓が止まった。わが母ながら、あっぱれだと思った。

人の一生は、委ねて始まり、頼って終わる

母の歩いた道のりは、世間一般のものの見方からしたら、たしかに「老い」や「ボケ」と呼ぶものなのだろうが、私にはすべて「解放」と「安寧」に見えた。

そもそも、誰もが行く道をネガティブに忌み嫌う必要があるのだろうか。たしかに、一定期間、誰かが見守る必要があって、「手がかかる」わけだけど、生まれてきたときだって、手がかかったのである。生まれてきた場所に戻るときだって、手がかかってもおかしくないのでは？

人の一生は、母やそれに代わる人の手に委ねられて始まり、子やそれに代わる人の手に頼って終わる。そうと決まれば、後は、どれだけ楽に行くか、だけが重要だ。そう考えれば、老いもボケもちっとも怖くない。「最近、私、ボケたみたい」「よかったね、楽に行けそうね」、そんな会話があってもいいくらいだ。

30歳くらいの脳と身体を勝手に人生のピークと見立てて、後は、引き算で考えるから、50代で悪あがきし、60歳以降はあきらめと悲しみで生きていくことになっちゃう

のである。人生は、あの世からやってきて、あの世に戻るまでのドラマである。山に登れば、下りがあるように、最後は、もといた場所に帰るために、「老い」の坂を下るだけ。それだけのことだ。

でもね、私たちの脳は、知っている。帰る場所があるってことを。

18歳のときに「60を過ぎたら、老いの坂を下るだけ」と言われたら、「うわ、やだ、60になんかなりたくない」と思ったに違いない。でも、60を超えた今、「もといた場所に帰るために、坂を下りるだけ」と思うと、ふんわりと安寧な気持ちになる。18歳のときよりずっと、「もといた場所」の確信がある気がする。なぜかは、よくわからないけど。

ふと浮かびそうになって、消えていく何か

ちょっとしたことが、脳から消えることがある。

何かを思い出す糸口のようなものが、ふと脳に浮かんだのに、それを釣り上げるこ

とができない。そうこうしているうちに、本来の記憶そのものが脳からふわりと消えていく感じ。何か大事なことだった気がする、なんだったんだろう……この頼りなく不安な感じは、若い人にはわからないだろうなぁ。でも、60がらみのこの本の読者には、おなじみの感覚ではないかしら？

私は昨日、コーヒーゼリーを食べようとして、冷蔵庫を開けたとたんに「何かがふわりと浮かんだ」のだけど、それを捕まえることができずに、モヤモヤしながら冷蔵庫の扉を閉めた。そして、後から料理しようとして、「そうだ、あのとき、お肉解凍しようと思ったんだった」と気づいて苦笑いした。

これって、老いだと思って、がっかりする人が多いけれど、実は、「回りすぎる脳を休ませるブレーキ」の可能性が高い。

気づく能力は、60代が最高潮

ふと浮かぶ「先へ先への気づき」は、会社経営や家事のような「多方面に目を届かせる必要がある、とりとめのない多重タスク」を効率よく回すための能力であり、実はこの気づきの能力は、56歳でピークに達し、60代は絶好調なのである（この理由は、後の章で詳しく述べる）。

よ〜く考えてみて、家の中で一番気づいているのは誰か、を。

ちらし寿司を作るとなったら、干しシイタケを戻す心配を即座にするのは、新米主婦じゃない、ベテラン主婦のほうだ。60代の主婦は、家族の数倍ものことに気づいて、何かのついでにさっさと片づけている。

たとえば、私たちベテラン主婦は、お風呂の水滴を放っておけない。鏡や水道の蛇口に付いた水滴は、次の日には丸い輪になって残り、何日か放っておけば、ちょっとやそっとじゃ取れないウロコ状の汚れになってしまう。水滴のうちに拭き取れば一番楽なので、私たちはそれをする。

私自身は、風呂上がりに、自分の使用済バスタオルで、浴室の目立つところを拭いている。ついでにシャンプーなどの量を確認し、家族の置き忘れた歯ブラシも片づけ、孫の遊び道具も拾ってネットに入れておく。
ところが、娘たちときたら、そんな母を尻目に、パックにマッサージ、ドライヤーに余念がない。髪の毛は散らしっぱなし、脱いだ下着は、投げ捨てられて洗濯籠にひっかかってる……。

でもね、いつかきっと、彼女たちも、浴室の水滴が気になってしかたなくなる日がやってくる。それが脳の成熟だからだ。

私は、20代でお嫁に来て、お風呂の蛇口なんて拭いたことがなかった。髪の毛もいちいち拾った記憶がない。なのに、浴室がいつもきれいだったのは、黒川の母が拭いてくれていたからに他ならない。

やがて、両親の家のすぐ裏のマンションを手に入れて、自分で管理するバスルームを手に入れてからも、私はしばらく、水滴を拭うことに気づかなかった。季節ごとに、「鏡のウロコ取り」を一生懸命していたのだ。やがて、これを、水滴を拭うことで止められることに気づいて、気づいた後は、もうやらずにはいられなくなった。そして、そうなってから、あらためて、母に「水滴、拭いとくと楽よ」と言われていたことを思い出したのだった。若い嫁なんて、そんなものじゃない？

だから、今の私は、およめちゃんに、とやかく言うつもりは毛頭ない。彼女は、頭のいい、気働きのある人なので、きっと60代になったら、私と同じように、あるいはそれ以上に、浴室の水滴を拭っていると思う。そんな日がいつか来ると思ったら、かわいそうなだけだ。やることよりも、気づいてしまうことの苦しさがかわいそうなのだ。無邪気に、自分のことだけ考えていられる時間は意外に短いからね。

自分ができすぎて、35歳以下が怠慢で指示待ち人間に見える

60代のベテラン主婦の気づき力は、人生最高！　当然、家族の誰もついて来れやしない。

でもね、本人は、自分が変わったなんて思ってもいないので、家族を恨んでしまうことがある。気づいてるくせに、してくれない、と。自分ばかりがコマネズミのように働くことになる上に、誰もねぎらいや感謝を口にしないので、「私ばっかり。みん

な、家事をバカにしてるんでしょう。私がやればいいって思ってるんだよね。ひどすぎる」ように感じてしまうわけ。

いやいや、違う。気がつかないのである。言われても、若き日の私のように、心に届きもしないってこともある。母の言うことを軽んじていたわけじゃない。脳が処理しきれなかっただけだ。

仕事の現場だって同じことだ。

56歳以上のベテランから見たら、35歳以下なんて、みんな半人前に見える。気が利かない、勘が働かない、言ってもわからない、発想力が乏しい「指示待ち人間」。だから、「最近の若者は」と言いたくなってしまうわけだけど、実は、自分の脳が秀逸になってしまったのが原因なのだ……!

60代の創業社長に30代の跡取り、なんていうケース、だから、けっこう厳しい。誰も自分の脳が変わっているとは思わないから、社長は、30代の自分も、今のように勘の鋭い実業家だったと信じている。自分に較べて、跡取りが、ぬるくて甘くて、やる気が足りないと感じられて、先が案じられたり、イライラしたりしがちだからだ。

60になったら、家族や部下を大目に見よう

60になったら、周囲を大目に見よう。

誰かが愚かに見えたら、「あ〜、自分が優秀になりすぎちゃったんだな」と思って、まずはイライラを止めること。次に、口を出すか、手を出すか、はたまた本人が自ら失敗して学んで成熟するのを見守るかを、冷静に選択すること。

私は、仕事では基本3番目だけど、家事では、2番目と3番目のハイブリッド。遺言のように「これはこうしないとだめだけど、私が生きてるうちは、私がやるね」と言いつつ、やっちゃうことが多いかな。

定年夫たちへ

ちなみに、定年退職して間もない夫の皆さまへ。

家事を担当してこなかった夫は、残念ながら「家の新人」として、妻から、「ぬるい指示待ち人間」に見えているのである。

どんなに頭がよくても、どんなに頑張っても、妻の30年越えの経験値には絶対にかなわない。なのに、妻は自分がスーパーエクセレントな家政のプロだということに気づいていない。「誰でも気づけることでしょうに、この人、気づかないふりをするなんて、怠慢だし卑怯だし、ひどすぎる」と思い込んでいるのである。

この誤解は、早めに解いたほうがいい。定年退職したら早めに「きみの家事能力は賞賛に値する。さまざまなことに気づき、並列処理で片づけていく能力は、会社の仕事に置き換えて考えたら、かなり尊敬されていいベテランの凄技だ。きみに支えられて、今日まで安心して外で働いてこれたんだなぁと、心から感謝している」と讃辞と謝辞を述べよう。こんな長いセリフ覚えられないという人は、メールでもいい。

そして、3つのお願いをしておくといい。

お願い①「そこで、わかっておいてほしいことがある。僕には、きみに隙なんか無いように見えるから、手伝うポイントがわからないんだ。手伝ってほしいときは、そう指示してほしい。黙って期待してくれても、きっと何もできない。いきなり、なんでやってくれないの！とか怒らないでほしい」

お願い②「それとね、最初は出来が悪くても、イラつかないで、根気よく説明してほしい」

お願い③「きみの手際を見ていると、家事を一緒にするのはきっと無理だよ。縄跳びの達人の、高速二重交差とびの中に、いきなり入れって言われても無理だろう？だから、何かの当番になろうと思う。洗濯当番とか、お風呂掃除当番とか、単独で何かの専門家になるね。それにしたって、最初は、いろいろ教えてほしい」

――と、ここまで手を打っておけば、妻だって、自分の家事能力が〝縄跳びのアクロバティックな高速二重交差とび〟だと納得して、初心者の夫に、優しい気持ちになれるに違いない。

60歳といえども、女心は永遠の14歳なので、自分がお花畑で、ひらりひらりと跳んでいる女の子くらいにしか思っていないのである。その勘違いが、60代の「家の新人」である夫や嫁への怒りを生んでしまうわけ。

というわけで、逆に60代のベテラン主婦の皆さま、ほんっと、家族を大目に見てあげてほしい。あなたは、優秀すぎる。

気づきすぎる苦しみ

さて、脳の気づきの力は、60代、留まるところを知らないくらいなのだが、あるところで、「一日のうちに処理できる能力」を超えてくる。気づくことをすべてやっていたら、24時間では足りなくなってくるのである。

10年ほど前、60代のご夫婦向けの講演をさせていただいたとき、ある男性から「妻に夜の11時以降に風呂に入るな、と言われて、付き合いの飲み会の後にシャワーも浴びられない。なんとかできないものでしょうか」と質問を受けた。隣に座って微笑んでいる奥様に「なぜ、このルール?」と尋ねたら、「私は、お風呂の水滴が気になって、天井まですべてきれいにしないと眠れない。私がベッドに入るタイムリミットが11時なんです。もしも夫が0時にお風呂に入ったら、私は起きて、パジャマを着替えて、天井の水滴を拭うしかない。そうしないと眠れないから」と答えた。シャワーを浴びれない夫もかわいそう。けど、ベッドから起き上がる妻はもっとかわいそうだった。

このとき、私は50代前半、この妻の方を、ずいぶん神経質だなと思ったのだけど、最近、私も天井の水滴が気になってきたので、「くわばら、くわばら」と思っている。60代の気づき力、どこかで止まってー!

脳のブレーキ

というわけで、どうも、脳がブレーキをかけているみたいなのだ。それがあの、「ふと浮かびそうになって消える」現象なのでは、と、最近、私は思っている。

というのも、あれもこれもと気づいて、やるべきことが私を襲い、収拾がつかなくなってくると、この「ふと浮かんで、消える」が出てくるからだ。これは、気づきを並べるキュー待ち行列の限界値を超えて、気づきをキープできなくなったか、脳の防衛本能のいずれかではないだろうか。

たとえて言えば、私たちの脳は、いくつものひもを握っていて、そのひもを一個ずつ引くようにして、あれこれを片づけているのだが、そのひもの数を脳が減らしているのである。一日を、ゆっくり楽しめるように。

というわけで、「ふと浮かびそうになって、消える」が起こったとき、私は「老い」に怯《おび》えるのではなく、脳って、本当によくできているなぁと感心することにしている。私がコマネズミのように動いてもなお、こなしきれない気づきを、脳が止めてくれたんだなぁと。脳って、本当にありがたい。

60代は、気づきの絶好調期。それを、ときどき「ふと浮かびそうになって、消える」ことでガス抜きしながら、私たちは、日々の暮らしを楽しむのである。そんな脳の、「当然の仕事」を、「老い」だと思って、悲しんだり、怯えたりするのはもう止め

ましょう。陽気に暮らしましょう♪

明日できることを今日するな

イタリアには、「明日できることを今日するな」という格言がある。60過ぎてからの、私の座右の銘でもある。

イタリア人が能天気だからじゃない。その逆だ。イタリアの主婦は、手のかかる料理を作り、台所をピカピカに磨き上げる。その上、ひどい硬水（ミネラル成分が多い水）のこの国では、洗濯物を一気に乾かさないと硬くなってしまうため、ジーンズにもアイロンをかけるのだそうだ（イタリア女性に「家事で何が一番たいへんか」と尋ねると、たいていは「アイロン」と答えるという。自家製ソースも手打ちパスタも作っているのに、料理じゃないのである）。

あるダンスのコーチは、「レッスン時間に一番遅れないのはイタリア人。意外にもイギリス人じゃなくて」と言う。考えてみれば、魅力的な車やバイクを生産する国、最高級の靴やバッグ、ファッションを世界に配信し、美しい建物が立ち並ぶ匠《たくみ》の国でもある。そんな勤勉なイタリア人に、のんきで陽気な印象があるなんて、それは、時間の使い方と、人生の紡ぎ方がうまいからじゃないだろうか。


60代は、若い人から見たら、とてもせっかちに見える。

なぜなら、男女ともにどんどん気づくし、それらが「気づいたら、やらずにはいられない」ほどの確信を伴っているし、「せっかく浮かんだ気づき」の記憶が消えたら怖いし……というわけで、気づいた端から行動に移さずにはいられないからだ。

脳は、自分の変化には気づかないので、本人には「うちの若い人たちは、気が利かない。なんでやらないんだろう。なんで、ぐずなんだろう」というふうに映るから、周囲への指図や愚痴が溢れることも多い。

昔から、「年寄りはせっかち」と言われているけど、なんと「脳が優秀すぎる」というからくりだったのだ。

若いうちは、気づきの数が少ないから、「今日できることを明日に持ち越すな」でちょうどいいのである。

けれど、60過ぎたら、気づいたことをすべてやっていたら、一日が24時間じゃ足りなくなってくる。特に、家にいるスペシャリスト主婦は、気を付けたほうがいい。自分の気づいたことに溺れそうになって、「ふと浮かんだけど、消える」現象も増えてくる。

「明日できることを今日するな」――60代の座右の銘にしよう。

未来の自分にメールする

「気づいたけど、今じゃなくていい」ことは、メモして、後回しにする。そうして、類似の事象をまとめてやったほうが効率もいい。ときにはやらなくていいことに気づくし、「ふと浮かんだけど、消える」現象もなくなってくる。なんと言っても、一緒に暮らす者たちにストレスを与えなくていい。

私は、「今じゃなくていいこと」に気づいたら、自分あてにメールすることにしている。仕事で携帯端末から見られるネット上のカレンダーを使っているので、そこに入れることもある。そして忘れる。

電子媒体だけじゃない。冷蔵庫には山ほど付箋が貼ってあるし、カレンダーも使う。

家族ラインは熱烈おススメ

それと、家族ラインを使うことをおススメしたい。わが家は、家族の一般連絡用のトークグループと、孫の子育て専用（主にミルクや食事、ウンチの実績を書き込む）のトークグループを作っている。いずれも、メンバーは、私と夫、息子とおよめちゃんだ。

たとえば、家の買い物を思いついたら、ここにメモしておくと、誰かが気づいて買ってきてくれたりする。家族への連絡事項も、ここに入れておく。写真も添付できるから、とても便利だ。たとえば、「このザル、ここにしまってね」とか「コーヒー豆、ここに置いたよ」とかね。一斉に全員に伝えられるし、「言った」「聞いてない」事件が起きにくい。ときには「トイレのここ、掃除のときにちゃんと拭こうね」のような改善要請にもラインを使う。

こういう家事連絡って、相手が忙しいときに口で言うとイラっとされて、小言扱いされるけど、ラインなら、相手が余裕のあるときに見てくれるから、素直に「わかった〜」という返事がくる。

夫婦二人の暮らしでも、熱烈おススメする。夫の気のない返事を聞かなくて済むし、こちらの改善要請に「忙しかったからしかたないだろう」なんて反発してくる嫌そうな顔も見なくて済む（微笑）。

脳の心配より、体力の維持

今後、私の体力が落ちてきて、処理能力が落ちてくると、きっと「ふと浮かんで、消える」が増えてくるのだろう。

脳が衰えたんじゃなく、脳が身体の衰えに合わせてくれるのである。歩けなくなったら、外のことに思いが至らなくなるように。これは、ボケなんかじゃない。脳の想定内の仕事である。脳はサボってなんかない。

私の体力（処理能力）が、暮らしを支えることができないくらいに落ちてきたら、それが他人の世話になるときだ。そのときには、脳も、身体に合わせて、かなりぼんやりしてると思うけどね。

だから、年を重ねたら、自力で歩くこと、体力維持が大切なのである。内臓が丈夫なうちに、先に体力が落ちると、人の世話になる時間が長くなる。体力維持には、努力が要る。けど、「自然にぼんやりしてくる脳」を案じてもしかたない。これは、体力が落ちてきたことに付随する脳の自然の摂理だから。

というわけで、60過ぎたら、脳の心配より、体力の維持だ。「身体を動かす、何か好きなこと」を少なくとも一つ、見つけておいてほしい。

身体を動かす、好きなこと

人は、好きなことでしか、身体を動かすことを維持できない。

一日、30分歩けと言われても、散歩が好きじゃない私には、とうてい続けられない。けれど、イケメンに抱かれて踊ることなら3時間でも続けられる（微笑）。

というわけで、私は社交ダンス愛好家なのである。アルゼンチンタンゴも踊る。ズンバやランバダと呼ばれるラテンダンスも踊る。すべて、男性のリードで踊るペアダンスだ。二人の間で、うまく意思の疎通ができて、遠心力が働き始めると、互いの存在が本当に愛おしいものになる。互いに、年齢もビジュアルも立場も関係なくなって、10代の若い人たちとも、気のおけないダンス仲間になってしまうから、本当に不思議だ。

それにね、社交ダンスの世界では、60代はまだ若手。去年、「まぁ、初孫ちゃんが生まれたの？　お若いわねぇ」と口々に言われて仰天した。まぁ、考えてみれば、私のダンス仲間は「初孫誕生は15年前」みたいな年代なので、そうだよね。

亡くなる数週間前まで、パーティで踊っていたなんていう90代も珍しくなく、私の目標もそれ。体力が尽きたときが、命が尽きるとき。それが、なによりの幸せに違いない。

60の手習い

60歳。

身体を動かす趣味がないのならぜひ、身体を動かす趣味を一つ。

社交ダンスは、熱烈おススメだけど、最近は「大人のバレエ」も流行りらしい。私たちの世代は、幼いころ、バレエを題材にした少女漫画が大流行りで、かといって全員がバレエを習えたわけじゃなかったから。

社交ダンスも「大人のバレエ」も、60歳からでも習いに行ける仕組みになっている。動かせる関節をうまく使って、美しいポーズを取る方法を、先生たちはよく教えてくれる。

とはいえ、ダンスに限らず、大人になってから習い事を始めると、「若い人のように、すらすらと覚えられない」という悩みを訴える人が多い。

でもね、そもそも、大人の習い事で、すらすらと覚えられる必要がある？

私は、51歳のときからイタリア語を習っているが、まったく上達しない。

イタリア語を始めて半年目のこと、当時大学生だった息子に「コメ スィ ディーチェ、イン イタリアーノ？」と聞かれて、「え、なになに？ なんていう意味？」と聞き返したら、「え、『これイタリア語でなんていうの？』という意味だよ」と答える。

「え〜〜〜、あんた、イタリア語しゃべれるの!?」と驚く私に、「ハハに教えてもらったんじゃん」と苦笑する息子。

「いやいや、絶対、そんなこと教えてない。何かの勘違いよ」と言う私に、息子は、「自分のイタリア語のノート、見てみなよ」と一歩も退かない。しかたなく、イタリア語のノートを開いた私は、唖然としてしまった。ノートの最初のページに、しっかりとその文が書かれてあったのである。Come si dice in Italiano?（しかも、ご丁寧に

「コメ スィ ディーチェ、イン　イタリアーノ?」とカタカナで書き添えてあった)。

もちろん、私の筆跡で。

私は、心底びっくりしてしまった。それを先生に習ったことも、息子に教えたことも、すっかり忘れている自分に、である。若いときは、忘れていたとしても、ここまで思い出せば、「ノートに記したときの記憶」とか「息子に教えたときの記憶」が蘇って「あ〜、そうそう」となるのだが、それさえも起きない。自分の字を見ても、その字を書いた記憶が引き出せないのである。ここまで、きれいさっぱり記憶がなくなったことを自覚したのは、51歳のこのときが初めてだった。50代の単純記憶力の低さは、本人の想像をはるかに超える。

ちなみに、翌週、同じ年代のイタリア語教室の同級生にその話をしたら、二人とも「いやいや、私は絶対に習ってない」と主張するではないか。そこで、私は「あなたたち、ご自分のノートの1ページ目を見てごらんなさい」と言ってやった。二人は、1ページ目に記された自らのCome si dice in Italiano?をまじまじと見ながら、「どういうこと?」と顔を上げた。大笑いである。

こんな生徒相手に、イタリア語を教えるイタリア人の先生があまりにも気の毒になって、私たちは、先生にこう告げた――私たちはイタリア語を習得するためじゃなく、楽しむために通っています。何度教えても、私たちはきっと忘れる。けれど、私たちは楽しく繰り返す。私たちは、習った事実も忘れる年代だから。先生は、どうかそれをストレスに思わないで。

それから10年、私たちはまだ初級と中級のはざまにいるけど、イタリアのことはいっそう好きになった。

何度も忘れると言ったけど、実は少しずつボキャブラリーは増えている。インスタでフォローしているイタリア人のイタリア語のお菓子のレシピも、ちゃんとわかる。緩やかな螺旋《らせん》階段を楽しみながら昇る感じ。大人の習い事はそれでいい。60代以降の人生は、楽しむためにあるのだから。結果が出なくたっていい、というより、「楽しめた」が結果なのである。

だからこそ、一緒に習う仲間は、うんと大事だ。忘れたことを笑い飛ばせるような、明るいお友だちと一緒にどうぞ。もちろん、自分もそうでなきゃね。

小脳のパッケージ化

ヒトは、「一連の動作」をするとき、慣れないうちは大脳で考えて動作するが、何度も繰り返して熟練してくると、小脳にパッケージ化されて、ほぼ無意識のうちに自然に流れるように動けるようになる。

ちなみに、小脳は「無意識」を司る器官で、空間認知と身体制御を担当している。たとえば、私たちは二足歩行をするとき、下半身にあるいくつもの関節の角度と骨盤の傾きを制御しつつ、床の滑り具合、靴や服の様子、道幅、向こうからやってきてすれ違う人の動き、それが知人か否かなどを感知しながら、無事に歩いているのだが、これをいちいち考えながらやっていたら(「右足の親指を強めに使って、左の小指で踏ん張って、骨盤の傾きは右へ少し」とかやってたら)、とうてい間に合わない。これらを無意識にやってのけているのは小脳で、ヒトは8歳までに「歩行」にかんする脳の演算をパッケージ化して、小脳に搭載してあるのである。

習い事はおしなべて、「大脳で考えながらやる」ことを「小脳のパッケージ」に変えていく行為である。

たとえば、ゴルフも、習い始めは「スタンスはこう、クラブの握り方はああ、振り下ろし方はこう」とかやるわけだけど、熟達してくると「自然に立って、すっとクラブを振ったら、ボールがカ～ンと飛んで行った」みたいになる。小脳のパッケージ化が成功したってことだ。

語学もそう。最初は、思考しながら、外国語の文章を組み立てて話すわけだけど、反射的に一連の表現が浮かんでくるようになれば、もうこっちのもの。小脳のパッケージ化が始まったってことだ。私は、この語学の「小脳パッケージ化」が、ほんっと苦手でどうにもならない（汗）。まぁ、だからこそ、いつまでも「習う」を楽しめるってわけだけど。

60代のスピードを楽しむ

ダンスやバレエをやる熟年世代で、「若い人のように、振り付けがすぐに覚えられない」と悩む人は多い。特に、子どもたちは驚異の速さで振り付けを覚えていくので、その差に愕然とすることもあるだろう。

実は、振り付けを覚えるのには、「小脳にパッケージ化された一連の動き」を豊富に持っていることが大事なのだ。外国語で言えば、慣用句に当たる。

たとえば、ワルツでは、「ナチュラルターン〜スピンターン〜プロムナードポジション〜ウィーヴ〜シャッセ」という一連の動作があるのだけど、44年も踊ってると、何も考えずに、ドアを開けるような自然さで、一連の動作がいつの間にか終わる。これが、小脳のパッケージ化だ。

経験豊富なダンサーたちは、このようなパッケージを山ほど持っていて、その組み合わせで、振り付けを覚えてゆく。だから、3分の振り付けをほんの2〜3時間で作って、覚えきることができるのだ。そして、若い人たちは、「大脳で考えて踊る」を小脳のパッケージに変えるまでの時間が短いのである。

大人の習い事では、時間をかけて、パッケージ化していくわけだけど、私は20代に踊っていたころより、60代の今の速度のほうが好きだ。

気の合う（身体の合う）男子と、初めての技を何度も何度も踊っているうちに、自然な流れになっていくのを味わうのが、私は何より好き。初めて、ぴったり合ったときの浮遊するような快感も、二人でハイタッチして気分アゲアゲになるあの感じも最高。

子どもたちは、一連の動作をパッケージ化する速度が圧倒的に早い。自分の脳に合った運動なら、ひと目見てすぐに真似ができ、1、2回踊っただけで、パッケージ化されるなんてことも。だから、スラスラと振り付けを覚え、自然に踊れるように見えるわけ。でもね、その代わり、当たり前すぎて、飽きるのも早い。醍醐味なんて、味わえない。

というわけで、「オトナの習い事は、新しい技を、自分の脳がじょじょに小脳パッケージ化してゆくのを楽しむ嗜《たしな》み」と心得て、子どもたちとは、違う楽しみ方をすればいいと思う。①結果を急がない、②他人と較べない、③パッケージ化のプロセスを共に楽しめる仲間がいる。これがコツである。

60代は旅と習い事の好機

さてさて、60代の習い事、実はめちゃくちゃエクセレントなのである。

なにせ、気づきの天才だから。

若い人の何倍もの気づきが起こり、本質にたどり着くのがとても速いのだ。「ことばにならない感性情報」の収集力は、20代を圧倒する。考えてみれば、書とか古美術とか能とか茶道とか、ことばになりにくい深淵の芸術は、いつの時代も60代70代が多く嗜んで、楽しんでいるものね。

私自身は最近、書の面白さがわかってきて、書展も見に行くし、書道を習いたくてしかたない。学生時代は苦痛でしかなかったお習字だが、今や、文字と筆の流れに込められたあまたの情報が、私の脳に流れ込んできて、キラキラして見える。人生、これだから、面白い。

地球の裏側の、初めての街に降り立っても、その町の感性情報をあまた手にして楽しむことができるのである。60代、旅もしよう。

第3章

「子どもを気にする」を捨てる

この章は、子どもを持たない人にも、ぜひ読んでほしい。脳科学的な人生哲学と、子どもを持たない選択を尊重し祝福する話が含まれているので。子どもを持たなかったことを「人生の欠けた部分」だなんて絶対に思ってほしくないから。

脳は、要らないものから忘れる

40も半ばを過ぎたころだったか、物忘れを自覚するようになって、ほんの少しだけ不安になった。

そんなある日、師事していた言語学の先生に、その不安を打ち明けたときのこと。齢80にならんとするその先生は、こうおっしゃった。「あなたが忘れるのは、まだ固有名詞だろう？　固有名詞なんて、たいしたことはない」

「そのうち、あなたがもう40年も生きると」と師は続けた。「普通名詞を忘れるようになる。普通名詞を忘れるとね、ものの存在価値もわからなくなるんだ。たとえば、しゃもじを見て、これなんて言うんだっけ？と思ったとたん、それが何に使われるものだったかも闇に失せて思い出せなくなる」

私の脳裏に、しゃもじがさらさらと砂のように流れて虚空に消えるイメージが浮かんだ。認識できるものが消えていく。「それは恐ろしいことですね」と怯えた私を、師は笑った。

「大丈夫。余計なものから、消えていくから。しゃもじがわからなくなるころには、自分でごはんをついじゃいないからね。逆に言えば、ごはんをついでいるうちは忘れないわけだ」

脳は、要らないものから忘れる。なるほど。

普通名詞でさえそうなんだから、固有名詞を忘れるくらい、ほんと、なんでもない。アンジェリーナ・ジョリーの名前が出てこなくたって、たしかに人生に別状はないものね。「女優」という普通名詞を忘れるのは悲しい気がするけど、そのころには、映画を観たいとも思わないに違いない。

私は、その日以来、物忘れを憂えることを止めた。脳の認知範囲が狭まるのならば（しかも「今生きる」のに要らないものから消えるのならば）、脳は答えを出すのが速くなる。勘の働く、頼もしい脳に変わるってことでしょう？

つまり、脳が成熟したって言い換えてもいいわけだもの。

脳が、憂いから解き放たれる瞬間

今のところ、普通名詞は忘れていない（と思う）。忘れたってかまわないのだけど、脳とことばの研究をしている以上、それを体験してみたいと思っている。それを自覚できる時間（名称が消えて用途がわからなくなってから、もの自体を認知しなくなるまでのタイムラグ）があるかどうかが疑問だけど。

ただ、どうも、そのタイムラグはほとんどないみたい。自覚するのは難しそうである。

実は、昨年、私は90歳の母のそれを目撃したのだ。

病院の診察室で、看護師さんから体温計を差し出された母が、「これ何？　何ていうもの？　何するもの？」と立て続けに尋ねたのである。

母は、バイタル計測フリークで、体温と血圧を日に何度も測っていたし、数値もとても気にするほうだった。熱でもあろうものなら大騒ぎで、大病の名前をいくつも挙げては落ち込む。

にもかかわらず、その日、母は検温結果に興味を示さなかった。熱があって、お医者様が心配している傍らで（コロナ禍の真っ最中にもかかわらず）、本来なら大騒ぎするはずの母が涼しい顔をしている。

ああ、これが、言語学の師が教えてくれた「普通名詞を忘れる」ということなのか、と、私は胸を衝《つ》かれた。

忘れたことを知覚していられる時間はとても短い。ほんの一瞬で、母は、この世に体温計があることも、「熱がある」という概念があることも忘れてしまった。私もいつか、そうやってなにかを見失っていくのだろう。

でも、それでいいとも思った。母は「熱があるから、検査しましょう」と言われても、特に不安がることもなく、検査フロアに消えた。母は、憂いをひとつ、捨てたのである。拘《こだわ》りから自由になった、と言ってもいい。一般名称が消えるのも悪くない。

脳は覚えた逆順からことばを忘れ、やがて、母親の肌のぬくもりだけを頼りに生きていたあの時間に戻って、あの世に帰っていくのである。

それが、たぶん、一番幸せな脳の閉じ方なのに違いない。

母たちの恩

そんな母が、検査フロアに消える前に、「あんたは、家に帰って寝てなさい。疲れてるのに、こんなところにいなくていいの」と、私を振り返った。

子育て真っ最中のころ、実家に帰ったとたんに「お母さん、お願い、30分だけ寝かせて」と言って、死んだように寝ていた私を、母は忘れないのだろう。体温計を忘れてしまっても。

「お母さん」と私は思わず呼んでしまった。母に支えられてここまで来た。母に命をもらって、母のかいなに抱かれて。母に支えられて、受験も勝ち抜き、仕事も続けられた。なのに、もう何もしてやれない。母の恩に報いきれない。そんな思いに、途方に暮れながら。

母が、この世を卒業する、ちょうど一年前のことである。

あの日の母の、振り返った顔を思い出す度に、私は「お母さん、大好き」と天に向かって叫びたくなる。母のことが大好きだった。母の踊りのセンス（日本舞踊の名取だった）、母の着物やバッグのセンス、かなり大胆なお金の使い方も大好きだった。そんな母の最大の美点は、娘がしようとすることに、けっして、ブレーキをかけないことだった。

贅沢が大好きで、冒険が大好きなひとだったので、私が「○○しようと思うの」と言うと、私以上に乗り気になって、最大限に力になってくれた。

私の人生は、私自身の想像をはるかに超えて、遠くまで来ることができた。

こうして本を書いて、出版することができている。小さな会社を何とか維持して、家族を食べさせることができている。50年来の夢だったラジオのパーソナリティにもなって、涙なくしては読めないリクエストメッセージをいくつも読ませてもらっている。

ここまで来るには、無数の分岐点があって、それを選んできたから今日があるわけだけど、私より前向きで楽天家の母が背中を押してくれた分岐点がけっこうあるのだ。

それで言ったら、黒川の母も、一番大きな分岐点で、大きな力ですっと背中を押してくれた。2003年、今の会社を興すときの資金調達がうまく行かなくて、あきらめそうになった私に、「人生は冒険だから。やってみればいい」と言って、資金を出してくれたのである。

二人の母がいなかったら、今の私はいない。

その二人の母の特徴は、大事な決断のとき、私よりもポジティブだったことだ。

成人した子どもに、小言を言っても甲斐がない

子どもは、いくつになっても、母の表情とことばに、思いのほか深い影響を受ける。起業しようとしたとき、二人の母が「大丈夫なの？ そんなことして」と眉をひそめたら、私は起業しなかったと思う。

結局、子どもは、親の「度量」を超えられないのである。親が感じた心配をそのまま口にしていたら、子どもは、きっと本人が願ったより小さな世界で生きていくことになる。特に、成人した子を持つ60代の親の役割は、思いついた心配を、思いつくままに口にすることじゃなく、子どもの生き方を肯定してやることに尽きると思う。

理由は二つある。

そもそも、成人した子が、親の言うことで生き方を変えたりなんかしないってこと。

もう一つは、60代の脳は「先のリスクに誰よりも気づく脳」の持ち主で、30代の脳には失敗が必要不可欠だからだ。〝60代が子どもの心配をしすぎると、子どもの人生がしょぼくなる法則〟があるのである。このことは、次の章で詳しく述べる。

「結婚」と「出産」は禁句である

成人した子が、親の言うことで生き方を変えたりなんかしないってこと、そんなの脳科学で証明しなくたって、勘でわかるはず。そもそも、親の言うことで生き方を変える30代とかがいたら、逆に心配じゃない？　そんなに主体性がなくて、どうするの！って感じだ。

というわけで、とやかく言ったって甲斐がない。甲斐がないなら、わざわざ嫌な思いなんかさせずに、気持ちよく応援してやれば、親子仲がよくなって、そのほうが得である。

特に「結婚」と「出産」に関しては、親がうるさく言うと、かえって仇になる。

親に結婚しろと言われて結婚する、あるいは、子どもを産めと言われて産む子なんて、21世紀には一人もいない。「早く結婚しなきゃ、なかなか結婚できなくなる」「子どもを産むなら、若いうちのほうが楽」は実際この世の真実だけど、21世紀の若者たちは「心を動かされないと結婚しない」し、親に言われると、いっそう心が動きにくくなるからだ。

人間は「義務」や「目標達成」で何かをするとき、脳の中では、問題解決型の回路が起動する。この回路は、「感じる能力＝心の動きをいったん止めて、目標達成のために戦略を遂行する回路」である。義務で何かを遂行するときは、誰でも、この回路が立ち上がる。

つまりね、そろそろ年だし、結婚しなきゃならない――そんなふうに婚活を始めたら、感じる回路は止まってしまうのだ。旅先で偶然出逢ったら恋に落ちるような相手でも、婚活アドバイザーに「この人、条件いいですよ。なかなかイケメンですし」なんて勧められたらぴんと来ないなんてこと、ざらにある。ましてや、親にやいのやいの言われた挙句の婚活にロマンスがあるわけがない。親が言えば言うほど、逆効果ってわけ。

「あなたがいつまでも独身で、私と一緒に旅行に行ったりしてくれたら、そのほうがいいわぁ」くらいでいたほうが、「え。お母さんと二人で一緒に年老いていくの？

『お母さんと一緒』ならぬ『お母さんと一生』じゃん」とちょっと気後れして、新しい人生を始める気になるかもしれない（微笑）。

自分の若いときの気持ちを考えてみればいい。周りが「いい人」を連呼する異性に何も感じず、「あの人は危険だからダメ」なんて言われた相手に胸がきゅんとするなんて体験、誰にもあると思う。

子どもに、結婚してほしかったら、その二文字を、親が口にしないことである。

「子どもを持って一人前」なんてナンセンス

それと、根本的に、「人間は結婚して一人前」「子どもを持って一人前」という考え方そのものを止めてしまわない？

地球の人口は80億に迫っている。私の大学時代（1980年ごろ）、地球の人口は40億ほどで、この40年で倍に膨れ上がったことになる。かつて、ある科学者が「地球上のすべての資源をどんなに効率よく回しても、この地球に住める人類は80億まで」

と言っており、他の惑星の利用も今や、人類は真剣に考えなきゃならなくなっているのである。とはいえ、他の惑星利用が実現するより先に、地球80億人時代がやってくる。

人類が、この地球という閉じた系で暮らしていくには、ある程度人生を謳歌した者たちが「定年退職」のように「定年寿命」で地球を卒業していくか、おだやかに人口が減じていくかしかないのである。

まるでそのことを知っているかのように、出生率の低下が起こっている。2000年代に入ってから、男性たちの生殖ホルモンの分泌低下が指摘されるようになり、草食男子も増えているのだ。これも、自然の大きな流れなのかもしれない。

こんな時代に、「子どもを持つことが人生のマスト」と考えるのは、どうなんだろう。産みたい人は産んで、そうでない人は、人生資源を思う存分自分のために使って、地球を楽しんで生ききればいい。

脳は寿命を知っている

　脳は、生まれる前から、この地球で遊ぶ期間を決めている。私はそんなふうに信じている。

　私は、1990年代、東京医科歯科大学の名誉教授だった角田忠信先生のもとに通って、脳の実験に参加していた。あるときふと角田先生が「脳は、どうも最初から、自分の〝生きる年数〟を決めているみたいなんだよ。寿命のように見える固有振動（その脳が反応する特定の周波数）があるから」とおっしゃったのだ。

　もちろん、証明できるような類の知見ではないので、単なるインスピレーションとしてしか扱えないが、私は即座に納得してしまった。その前から、私には、ヒトの脳は「楽に死ぬために、うまく老いていく」としか思えなかったので。

　その少し前、90を超えて亡くなった祖母たちを見ていて、脳が何年もかけてゆっくりと活動停止していくそのさまは、「楽に逝くためのプログラム」に見えたのである。

なんだか、祖母たちの脳が、その年のその日逝くことを知っていて、あらかじめ、終末プログラムを発動したかのように見えた。

角田先生のことばで、さらにそれを確信した私は、「脳は、生まれてくるとき、この地球というアトラクションで何年遊ぶか、決めて生まれてくるのだ」と納得した。短かろうと長かろうと、それは、脳が選んだこと。脳は、決めた年数を楽しんで、向こうに戻るのみである。だから、私は自分の寿命もまったく気にならない。そのとき角田先生に「私の寿命に関わる固有振動はいくつですか？」と聞いてもよかったのだろうけど、まったく思いつきもしなかった。だって、脳が知っているのだから、脳の導きに従えばいい。老いに逆らわず、その最後の瞬間まで、ただただ「地球」を味わうのみだ。

深くうなずいた私に、角田先生は「あなたは、自分の寿命が何歳か聞かないね」と言った。「はい。興味ないので」と私は答えた。本当にそうだったから。角田先生は「じゃないかと思った。だからこの話をしたんだよ。聞かれても答えるつもりはないからね。普通の人は、それが気になるみたいだから、誰にでもする話じゃない」と微笑んだ。

一つの星を知れば、すべての星が手に入る

私たちの魂は、この世に生を受けたとき、きっと何年間この地球で遊ぶかを決めてやってきたのだ。その終わりに向かって、「離陸の準備」を整え、去っていく。

『星の王子さま』（サン＝テグジュペリ）をお読みになったことがあるだろうか。砂漠に不時着した飛行機乗りが、小さな王子さまに出逢うものがたりだ。飛行機の修理に四苦八苦する飛行機乗りの傍らで、王子さまが、自分の星の話と、他の星や、地球で出逢った者たちの話をしてくれるのである。

この地球で王子さまが見たもの、感じたことが、あまりにも温かく切なくて、飛行機乗りと、読者の胸を締め付ける。

やがて、飛行機の修理を終えたその日、王子さまが「今夜、自分の星に帰る」と告げるのだった。永遠の別れと悟って、悲しむ飛行機乗りに、彼はこう諭すのである。

「おまえはさ、誰も他のやつらがもっていないかたちで星をもつことができるよ……」

「お前が夜に星を見上げるとね、その星のひとつにおれが住んでいるせいで、その星

のひとつでおれが笑っているせいで、おまえにとってはまるですべての星が笑っているように思えるはずだよ。笑う星たちを手に入れるわけさ！」「そうして悲しみがやわらいだとき（なぐさめは必ずやってくるものだからね）、おまえはおれと知り合ってよかったと思うはずだよ。おまえはいつまでもおれのともだちなんだもん」（管啓次郎訳、角川文庫『星の王子さま』より）

永遠の別れがあるからって、何もかもが無になるわけじゃない。この空に瞬くあたの星の中に、ともだちの星があると知っただけで、すべての星が特別に見えてくる。たった一つの星を知り、その星で微笑む小さな王子さまを愛しただけで、私たちは、無数の星を手に入れるのだ。――星の王子さまは、サン＝テグジュペリは、そう教えてくれた。

一つを愛することで、全部が手に入る。なんて、素敵な人生哲学なんだろう。

60を過ぎて、私たちは、生殖の呪縛から解けて、性愛の対象（美しくセクシーな異性）に心をからめとられなくなってきた。そのせいで、純粋に、いろんなものを愛せるようになった。言い換えれば、60代は、すべてを手に入れることができる年代でもある。

生まれてきてくれて、ありがとう

私は、『星の王子さま』のこのことばに出逢った日から、すべての出逢いに感謝している。一人のライダーに惚れ込めば、すべてのバイク乗りに微笑まずにはいられない。一人のダンサーを愛すれば、すべてのダンサーに声援を送らずにはいられない。

私はラジオのパーソナリティなので、一人のリスナーに心動かされれば、すべてのリスナーにエールを贈らずにはいられない。ラジオの向こうで、耳を傾けてくれる人の存在が、リアルに胸に迫ってくるから。そのリアルが、すべてのリスナーに適用されるから。

あるとき、ラジオで、私はこう訴えた。——親は子に、愛をことばで伝えてほしい。

「あなたが生まれてきて、本当に嬉しかった。あなたの親になれて、本当に良かった。生まれてきてくれて、ありがとう」と。

それは、その子の自尊心の核となって、ずっとその子を守り続ける。どんな理不尽な目に遭おうと、人に誹《そし》られようと、存在自体を肯定できる人は、本当に強い。

できれば、子が自立して家を出るまでに言ってあげてほしいけど、間に合わなかったら、いくつになってからでもいい。たとえ、50の子に80の親が言ってやっても、その子は、ふりかえって50年の人生と残りの人生を肯定することになる。

翌週、40代のリスナーの方から、メッセージをもらった。「親にそんなことを言ってもらえたら、たしかに自分の人生をまるごと肯定できますね。しかし、もう親もいない、家族もいない私は、どうしたらいいのでしょう」

「私が言います。こうして、ラジオと私の人生に関わってくれて、ありがとう。あなたが、この地球に生まれてきてくれて、本当に良かった」と私は伝えた。私は、このメッセージを読んだ瞬間、親から人生を肯定してもらえなかったすべての子ども

（「かつて子どもだった人」にも）に、心を寄せることができたのだった。そんな壮大な〝交信〟ができたのは、この方を知ったからだ。この方がいてくれて本当に良かった、本当に心からそう思った。

誰もが、この世に生きて、愛したり傷ついたりしているだけで、誰かに「すべて」をあげているのだと思う。

人は、一人では成人できない生き物だ。必ず誰かに抱かれて慰撫されて、大人になっていく。小さないのちを抱いて慰撫した者は、壮大なものを手に入れるのである。この世のすべての「小さないのち」が、リアルに心に迫ってきて、地球の未来を思うようになるから。

その子に、そのことを伝えなければ。

60歳。まだ、わが子に「生まれてきてくれてありがとう」を伝えていなかったら、ぜひ伝えてほしい。将来、先のリスナーのような、心の迷子にしないために。

死んだように見えるけど、そうじゃない

『星の王子さま』に話を戻そう。

最後の瞬間、王子さまは、毒蛇に身をゆだねる。自分の身体を、この地球上に置き去りにして去っていくために。飛行機乗りに、王子さまは言う。自分の星は遠すぎて、この身体をもってゆくことはできない。死んだように見えるかもしれないけど、そうじゃないから、悲しまないで、と。

作者のアントワーヌ・ド・サン＝テグジュペリは、飛行機乗りの小説家で、香水の名にもなった『夜間飛行』などベストセラーをいくつも残している。本人初の児童書である本書を1943年に出版し、翌1944年、コルシカ島から偵察のために飛び立ち、地中海上空で消息を絶つ。彼を撃墜したナチスドイツ軍の兵士は、サン＝テグジュペリの愛読者で、のちに「長い間、あの操縦士が彼ではないことを願い続けた。彼だと知っていたら撃たなかった」と語ったという。

最後にこの小説を残して逝くなんて、サン＝テグジュペリの脳もまた、自分の「期限」を知っていたとしか思えない。そして、死んだように見えても悲しむ必要がないことを、彼は遺言のように残して死んでいった。

私たちはみんな、たかだか100年の地球旅を楽しみにやってきた旅人なのに違いない。あなた自身も、あなたの子も。

あなたなら、砂漠で出逢った「地球を楽しむために降り立った小さな魂」に、「期限のある旅人」に、「世間一般の生き方をしなさい」と言うだろうか。私なら、「あなたにしか見つけられないものに、どうぞ出逢って。あなたが出逢う、苦しみも悲しみも切なさも、すべて、あなたのためのドラマだから」と言うと思う。

私は、だから、私自身にそう言い聞かせているのである。——「世間」に納得してもらうために生きてるわけじゃない。裸の心で、この星の真実に触れること。痛くても、悲しくても。他人の目にどう映ろうと関係ない。私の目に、地球がどう映るかが重要だ、と。

そのことばを、あなたにも贈りたい。あなたが、「世間」から解放されますように。

わが子は、砂漠で出逢った小さな王子さま

そして、わが子が「たかだか100年の地球旅を楽しみに来た星の王子さま」だと思ったら、ただただ愛おしいばかりじゃないだろうか。

「世間」に従って、結婚したり子どもを持ったりしなくたって、あなたの地球旅をどうぞ楽しんで、と言う気にならないだろうか。子どもに、「普通に幸せになってほしい」という気持ちもわかるけど、結婚や子育てが幸せじゃない人だっている。

それにね、仮に子どもに「幸せじゃない事態」があったとしても、それも、きっと彼（彼女）が選んだメニューである。だってほら、もしも「主人公は、恵まれた家に生まれて、健康で美しく賢くて、思いどおりの人生を過ごし、安らかに死にました」というミュージカルがあったとして、あなたは観に行く？　下手すれば100年も生

きる地球アトラクションに波乱万丈がなかったら退屈すぎる。——親の言うとおりに生きて、エスカレーター式に一流大学まで行き、一流企業に勤めて、「都会の四角い箱」に65歳まで通って、それなりの人と見合い結婚して、子どもを二人育て上げて、死にました。そんなメニューボタンを、あなただったら、押すだろうか。

波乱万丈もあって、切なくもあって、でも、切ない分だけ愛や美しさがわかるようになる、そんな100年旅があったら、そちらを選ぶのでは？

あなたの地球旅も、子どもの地球旅も、本人の脳が選んだドラマである。ただただ、拍手をして、見守ってあげようよ。自分のそれも、子のそれも。

孫の心配は、いっそうしてはいけない

私は、昨年、初孫をかいなに抱いたとき、「ようこそ、地球へ」と挨拶した。なんと、わが家の王子さまは、本当にあのサン＝テグジュペリの『星の王子さま』の挿絵の王子さまにそっくりだったので（まぁたいていの赤ちゃんが似てるとは思うけど）

（微笑）。

彼がどのような人生を送ろうと、私は、彼の最高の「観客」でいるつもり。どのようなシーンにも、彼を信じて、拍手を送り続けるつもり。

そして、それこそが、祖父母の役目じゃないのかなぁと思う。

孫の心配をする祖父母にイラっとするという、新米ママは多い。

〝はじめに〟にも書いたけど、「〇〇さんちの孫、10か月なのにもう歩いてるのよ。最近の子は早いわね……ってか、この子、もうすぐ一歳なのに大丈夫なの？」なんて、娘や嫁に言ったりするのは、天下の御法度である。こんなこと、母親のほうがずっと心配してるはず。小さな発疹一つできても、大きな病気じゃないかと案じるのが、母心なんだから。ここで年寄りが言うべきセリフは「大丈夫、大丈夫」しかない。もしも、実際に、足の様子などで、おかしいなと思うことがあったら、冷静にそれを告げて、急ぎ医者に見せる算段につなげるべきだ。

根拠も解決策もないのに「大丈夫なの～」と言うのは、自分が安心したいだけ。それは、しちゃダメでしょ。そもそも、こういうことを言う人は、早く歩き出したら歩き出したで、「ハイハイを十分にしないと腕の力の弱い子になるって言うけど、大丈夫なの？」とか言いだすのである。なんにでも心配を見出し、それを垂れ流すように言う人。親戚や、ときには友人にもいるでしょう？　本人は、相手を案じて言ってるつもりなんだろうけど、相手の不安を増幅させるだけで、なんの甲斐もない。

　実は、60代でこれやっちゃう人、多いのである。前章でも述べたが、60代は、気づきの天才だからだ。気づいた不安や不満のすべてを口に出していたら、人を不快にさせ、不安にさせてしまう。気づいたことのいくばくかを、相手をおもんぱかって、口にしない配慮。特に、子どもや孫に対するそれ。これは、60代に必須のマナーである。

第4章

「老いと死を気にする」を捨てる

この章では、「私たちの一生が、脳の中で、どんなふうに推移しているのか」を解説しようと思う。つまり、「一生とは、どういうドラマなのか」を、だ。

私たちの脳の中では、明確にドラマの枠組みがあって、私たちは、そのシナリオどおりに年を重ねている。そのことをちゃんと理解すると、老いも死も、なんらネガティブなことじゃなくなってくる。

60代にとって、既に通り過ぎてきた年代についても、詳しく語っていこうと思う。自分に関わる若い人たちが、今どの段階を生きているのかを知ると、彼らのあらゆる言動が愛おしくなってくるはずだから。そうして、何よりも、自分の人生を再認識して、あらためて人生を愛おしく思えるはずだ。

それでは、「一生とは、どういうドラマなのか」、とくと味わってくださいませ。

脳の〝賞味期限〟

脳の〝賞味期限〟は何歳だと思う?

あるとき、脳生理学の専門家から、そんな質問を受けた。考えあぐねている私に、その方は「28歳まで」と教えてくれた。「脳のピークは28歳まで。30を超えると老化が始まる。人間の脳の賞味期限は意外に短いんです」と。

私は、納得がいかなかった。１００年を超えて生きる可能性がある身体に、賞味期限28年の脳が載っているなんて、アンバランスすぎる。私は大学では物理学徒だった。「人類」のような、何万年の進化の果てにある普遍的な存在に、そんなアンバランスがあるなんて、物理学の世界観に大きく反する。

とはいえ、実際に脳を調べると、年齢を経るごとに、若いときほどには、すばやく万遍なく脳を使うことができなくなる。人間の生理は、物理学の世界観に反するのか、と納得せざるを得なかった。いったんは。

脳のピークは56歳から始まる

私は人工知能のために脳を研究しているので、脳を装置として見立てている。

どのような入力に対し、どのような脳神経信号が流れて、どのような演算を施し、どのような出力をしてくる装置なのか。あるいは、どのような機能ブロックでできていて、どのように制御されている装置なのか。

実は、脳の賞味期限の一件、この見方で脳を眺めると、答えはまったく違ってくる。脳の完成期は56歳。本当の脳の真骨頂は、56歳から始まるのである。

前章の最後に、60代は気づきの天才で、気づいたことを片っ端から口にしていたら、一緒にいる人を不快にさせるし不安にさせる、と述べた。

「ボケを気にする」を捨てる、の章では、60代の脳は気づきすぎて苦しい、それを回避するために「気づきが、ふと浮かんで消える」現象が始まる、とも述べた。

そう、60代は、気づきの天才。実に、脳の絶好調期なのである。正確に言うと、脳は、56歳で一応の完成を見せ、その後63歳までかけて成熟する。63歳からの7年間は、ありとあらゆることに気づき、世の中を人生で一番楽しめる年代に当たる。

この章では、60代の脳が、どれだけ素晴らしいかを語ることになるが、その前に、脳の60年の歩みから説明しよう。

最初の28年は入力装置

私たちの脳を装置として見立てると、28年ごとに「装置としての性質」が変わる。

最初の28年は、著しい入力装置だ。世の中のありようを知る28年間。「世間」の総体をつかみ、「世間で言う正しい生き方」とは何かを知る28年間である。前半14年間は感性記憶力の全盛期だ。そして後半14年、すなわち15歳から28歳までは、単純記憶力のピークと言われている。

そう、人生最初の28年間は、「新しいことを覚えるのが、何より得意な期間」なのだ。「新しいことを覚えられること」をもって「頭がいい」と言うのなら、たしかに、脳の賞味期限は28年に見えるのに違いない。

しかしながら、私たちの脳は、この宇宙に、後にも先にもたった一つ、唯一の装置なのである。遺伝子と経験の妙で作られる装置だからね。宇宙創生から宇宙終焉までの膨大な時間と空間のなかに生まれた、たった一つの装置が、「世間並」を知るだけでいいの？

その脳にしか見えないものを見、感じられないことを感じ、その脳にしかできない何かをなし得ること。他人が認めるかどうかなんて、この際まったく関係なく、自分の納得として。それが「この宇宙にたった一つの装置」の使命なのではないだろうか。

となると、入力性能ではなく、出力性能の最大期こそを、脳のピークと見るべきでは？　それが56歳から始まる28年間なのである。

感性記憶力の時代

ざっと、ヒトの脳の一生をおさらいしよう。ご自身の来し方を思いつつ、今、その年代を生きている子や孫の気持ちを思いつつ、読んでみてほしい。

12歳までの子ども脳は、体験に、五感から入ってきた感性記憶（匂い、音、色かたち、味、皮膚感、空気感など）が付帯して、微に入り細に入り記憶していく。だから、12歳までの記憶は、ふと思い出したときに、匂いや味までもがリアルに浮かんでくることがある。

小学校時代、昼寝をしていて、夕立の気配で目覚めたことがある。縁側に立つと、日に照らされて熱く乾いていた庭石に降り出した雨が当たって、独特の芳しい匂いが立ち上がった。私は、60になった今でも、雨の音で目覚めると、その庭石を思い出し、と同時に、その匂いが鮮やかに蘇る。まるで、今、目の前に、庭石があるかのように。

あるエッセイストは、「小学校5年生のとき、隣のおじさんの新車のカローラでドライブしたときのことを思い出したら、昭和の新車の匂いと、そのとき口の中に入っていた不二家のノースキャロライナ・キャンディの味をありありと思い出した」と書いていた。12歳までの記憶、おそるべし、である。

人工知能時代の子育てメソッド

このような感性記憶が、一生の感性＝センスに関わってくる。12歳までは、五感を伴う「ふとした体験」が、脳にとっては何より重要なわけだ。

そう考えると、「覚えるための、記号論的な勉強」なんて、もっと後でもよいのでは？　15歳以降にやってくる単純記憶力期が、まさにそのためにあるのだし。

私自身は、息子のこの時期、「宿題よりも、放課後遊び」と思っていたので、小学校の先生には、「宿題の提出率が悪い」と、親子ともども本当によく叱られた。学校の先生には申し訳なかったし、当然の帰結で偏差値もとびぬけていいわけじゃなかったけど、31歳の息子の脳に、わたしはまったく不満がない。

それにね、人工知能の時代、人間の仕事は感性の領域に集約してくる。今の子どもたちが大きくなるころには、「誰もが納得する正解を、誰よりも早く出す」なんていう〝かつてのエリート〟の仕事は、すべて人工知能に持って行かれる。感じたこと＝いのちの直感を、人工知能に教えてやることが人類の主な仕事になるのである。

となると、この子たちの小学生時代は、「正解を出すお仕事（テスト）」は少しゆるめで、「ふとした経験」がたくさんできる学び舎《や》を選ぶべき。その「ふとした体験」は、教育を提供する側がわざわざ演出するような「素敵なイベント」ではなくて、教室の隅や、校庭の隅で、隙間時間に出逢う、木の葉の匂いとか、風の肌触りとか、そんな「五感に響く、世界観の断片」のようなものが理想的なのである。

というわけで、小学生のお孫ちゃんがいたら、心ゆくまで、自由に遊ばせてやりましょうよ。人工知能時代に突入した今、大局観がある60代の口から「お受験」を言い出さなくていい、と、私は思っている。

ただし、孫の母親が教育熱心で、一途に「お受験」を目指しているのだったら、そこに口を挟むのは止めよう。子どもの小学校受験あるいは中学受験に必死になる気持ちは、どうも「いのちがけの人生哲学」のようで、誰が何を言っても聞く耳を持たないことが多い。そして、他者の助言によって、お受験をあきらめようものなら、これから一生、子どもに起こったネガティブな出来事を、すべてその「お受験」をあきらめたせいにして、精神を病んでいくことも。そういう母親のもとに生まれてきたのは、孫自身の運命で、祖父母といえども救い出すことはできない。

祖父母は、たまに連れ出して、のんびりさせてあげればいいのでは？　その、のんびり時間に「ふとした体験」が起こって、きっと、感性を伸ばすことができる。「ふとした体験」は、短い時間にも起こることだから、祖父母のたまのレスキューでも大丈夫。


そうそう。孫の母親が「お受験」を望んでいて、孫が男の子で、孫の父親が「お受験」に反対している――この場合だけは、アドバイスの方法がある。

孫の父親に、妻にこう言わせるのである。「男の子は、放課後や夏休みに、仲間とつるんで大人になっていく。ちょっとした冒険をしたり、女の子の謎を語り合ったりしてね。男子は、女の子と違って、わざわざ待ち合わせて会ったりなんかしないから、地元の、なんとなく一緒にいる友が不可欠なんだよ。放課後ばらばらに帰ったり、夏休みにクラスメートに会えない私立にやるのは、僕は胸が痛い。地元の公立も考えないか？　彼に、地元の仲間をあげようよ」

なんなら、映画『スタンド・バイ・ミー』（ロブ・ライナー監督、１９８６年公開）を観てもらったり、小説『夏の庭』（湯本香樹実著）を読んでもらったりしてもいい。いずれも、少年たちの「大人になっていく夏」を描いた秀逸な物語である。

これは詭弁なんかじゃない。「なんとなく一緒にいる地元の仲間」は、男性脳の育ちの大事な基本だ。息子にやがて芽生える男心を、男親からしみじみと言われたら、母親の心も動く。このアドバイスには、複数の実績がある。条件が揃ったら、試してみて。

もちろん、12歳までの「お受験」がすべて悪いわけじゃない。両親の総意で、本人も乗り気で楽しそうにやっているのなら、何も反対する理由はない。受験の時期は多少のストレスがあったとしても、その後長く、その子に合った学び舎で、のびのび学べるのだとしたら、それは素敵なことだもの。

ただ、21世紀は、20世紀ほど、エリート学歴がマストじゃないってこと。「お受験」を楽しめればいいいし、嫌ならやめればいい。もちろん、入学した後だって、「正解を出すお仕事（宿題や試験）」が忙しすぎると感じたら、辞めてもいい。そんな一種の遊び感覚というか余裕が家族にあってほしい。その余裕の部分を、脳が絶好調で、世の中を長い目で見られる60代が担ってあげたらいいのでは、と思うのである。

大人はわかってない

さて、感性情報をたっぷりと取り入れていた子どもたちの脳も、いつまでも子どものままじゃいられない。感性情報を付帯した記憶は、容量が大きくて、いかに膨大な数の脳細胞があろうとも、やがて足りなくなってしまう。また、記憶の一単位が大きな塊なので、検索に向かず、脳の判断速度が遅いのである。

このため、記憶の収納効率がよくて、検索速度が速い大人脳へと移行していくことになる。15歳のお誕生日ごろに完成する大人脳は、何か新しい体験をしたとき、とっさに「過去の類似の体験」を引き出して、差分を見極め、差分だけを要領よく記憶していく。この方式だと、収納効率がいいし、「類似」と「差分」のツリー構造になるので、圧倒的に検索効率がいいのである。

その代わり、付帯している感性情報は、潔く切り落とされていくことになる。「ああ、これって、あれよね」みたいにして、「思い込みの型」にはめて、ぱこんと切り出すようにして認識するからだ。

たとえて言えば、クッキー生地を型で抜くようなもの。出来上がった「記憶」自体は扱いやすく探しやすい、きれいな形をしているのだが、その周りのひらひらした生地は捨てられていく。だから、14歳から見ると、「大人は卑怯で、何もわかってない」ように見えるのである。

14歳は感性モデルがほぼ完成しながら、まだ「クッキー生地の捨てられた片鱗が見える脳」だ。彼らにしてみたら、大人の決めつけは、大切なものを切り落とす感じがして耐えられないのだと思う。

彼らが大事にしているものを軽視したり、大事にしている友を非難したりしたら、たいへんなことになる。こういうとき、14歳が口にする「大人はわかっていない」を、たいていの大人は鼻で笑う。「お前のほうがわかってないんだよ」と。けれど、それは違う。真実、大人たちのほうがわかっていないのである、14歳が見えていたもの――残念ながら、生殖期真っただ中の大人たちには見えないものだ。

私は、この世のすべての14歳に敬意を表する。そして、14歳だった自分が見つめていたものを、今でも大切にしている。

14歳の自分に再会しよう

14歳は、感性の完成期に当たるので、ヒトは14歳の感性で一生生きていく、と言っていいと思う。14歳のときに出逢った（脳に飛び込んできた）音楽、ことば、アート、憧れの人物などは、一生、脳を元気にしてくれる。

アーティストやミュージシャンに「14歳のときに、何に出逢ったか」を聞くと、その人のルーツがわかるとも言われていて、「14歳の出逢い」は本当にバカにできないのだ。

ザ・ハイロウズの『十四才』という曲の歌詞の中に、こんなフレーズがある。――

あの日の僕のレコードプレーヤーは、少しだけいばって、こう言ったんだ。いつでもどんな時でもスイッチを入れろよ、そん時は必ずおまえ、十四才にしてやるぜ（甲本ヒロト作詞）。

14歳の脳を知っている私には、このフレーズにしびれるしかない。この曲には、14歳のヒロトがロックに心臓を射抜かれた瞬間の描写（おそらく）がリアルに描かれていて、私の胸を締め付ける。私がロックに出逢った瞬間も、まさに心臓を射抜かれたから。私の場合は14歳よりも少し遅かったけど。そのヒロトも、一昨日（2023年3月17日）、還暦を迎えたという。彼は今でもきっと、14歳のままなのに違いない。ロックのそのビートの中にいるとき。

あなたもぜひ、14歳の自分に再会してほしい。60代になって、最近心を動かしてないなと思ったら、14歳のときに心ふるわせたものに再会してみてほしい。

15歳、大人脳の始まりと共に、私たちは容赦なく、生態系の大きな競争に巻き込まれた。食べていくための闘い、よりよい生殖のための闘い――これらは、酸素という、細胞を老化させる物質に満ちた星に生まれ、生殖によって命をつなぐ宿命を余儀なくされた生物の一員として、避けられない闘いだった。より美しく、より強く、より賢く――誰よりも正しくあって、誰よりも重要な人物でいたい。そんな焦燥感に駆られながら。

しかし今、その呪縛から解放されて、自分自身の人生を生きるターンがやってきた。闘いに駆り出される前の、14歳の脳に戻っていいのである。そして、なんと、戻れるのである。美しいもの、わくわくするもの、そして心臓を射抜くものに心酔したあの日々に。

あの日、あなたは、何に心を奪われたの？

私は14歳、ビートルズとダンスに出逢った。それから、ラジオだ。私たちの世代は、中学生で皆、ラジオの深夜放送の洗礼を受けた。テレビはどの局も0時過ぎに放送時間を終え、砂嵐のような画面に変わる。携帯電話もインターネットもない時代、若者たちは、世界でたった一人になったような気分になったものだ。その時間にラジオのスイッチを入れると、魅力的なパーソナリティたちが、リスナーのメッセージに心を寄せ、人生を語っていてくれたのである。

そのラジオの世界に、60を過ぎてから飛び込むなんて、思ってもみなかった。2022年10月から、NHKラジオ第一の朝の情報番組の金曜パーソナリティとして、3時間20分の生放送を担当している。ラジオの魅力は、50年前と変わっていなかった。リスナーと一体になって、「今」という時間を味わい尽くす。50年前と違っているのは、SNSを使って、時々刻々リスナーのメッセージが飛び込んでくること。より一体感が増している感じだ。

私は、「14歳に心ふるわせたもの」に再会し、その当事者となって、毎週、心ふるわせている。幸せすぎます。深謝。

15歳、大人脳の完成

さて、話を進めよう。

15歳、大人脳が完成し、ここから14年間の単純記憶力最大期が始まる。単純記憶力とは、比較的大きなデータを、比較的長くキープする力。〝単純〟と言いながら、出来上がる知識は、そう単純でもない。大きなデータをいくつも並べてキープできるので、それらを統合して抽象化したメタデータを生成することも自在。このため、「センス」や「発想力」までをも手にして行ける能力なのである。

受験勉強はもちろんのこと、スポーツを極める、アートを極める、技を極める、学問を究める、先輩の背中を見て仕事のコツをつかむなどなど、一般に「頭を使う」と思われているすべての行為に長けた年代である。

この単純記憶力最高潮期が28歳で終わるので、脳生理学の先生には、「脳のピークが終わった」と感じたのだろう。

がむしゃらすぎて、方向感覚がなくなる

15歳から28歳、脳は、がむしゃらに、世の中を知ろうとしている。がむしゃらに学び、働き、遊びたいとき。20代半ば、私は仕事で徹夜することさえ、「文化祭の前夜」のように楽しかった。ただ、時々どこに向かっているのか、よくわからなくなることがあった。あるとき、会社の先輩に、「先輩、このシステム（人工知能）を作って、人は幸せになりますか？」と質問したことがある。「きみは、人を幸せにしたいわけ？」と聞き返されて、「そういうわけじゃないけど、これに一生かけるのが、私の人生なのか、わからなくなっちゃって」と答えたのを覚えている。たぶん、自分の気持ちを見失って、今の生き方でいいのかわからなくなり、「人類の未来のために必須だ」とか「命を救う」とか言ってもらえたら、迷わずに済むと目論んだのだろう。

先輩は、「四の五の言わずに、納期を守れ。人生の使命を考える前に、エンジニアの使命がある」と言ってくれた。後にわかったのだが、「四の五の言わずに」——脳科学的には、これほど正しい答えはなかったのである。

四の五の言わずに走れ

28歳までの脳は、著しい入力装置なので、思いのほか出力性能が低い。運動神経や芸術センスのような生まれつきの個性は別にして、経験値によって手にする思考の個性がまだ際立っていないので、自分がまだ何者かなんてわかっちゃいないのだ。呑み込みは早いが、「私の人生、この道でいいのか？」という自問自答に答えが出ない。それが28歳までの脳の特性なのである。

この命題に対する答えは、自分で出すしかない。しかし28歳までは、この答えを、腹落ちするかたちで脳が出してくれることはない。生まれつきの才能で突っ走っている一部の若者を除いては。

だから私は、28歳以下の若者の「今の仕事が、本当に自分に合っているのかわからない」「他にするべきことがあるのかもしれない」という逡巡を、鼻で笑ってあげることにしている。「あなたの脳は、まだ、自分が何者か知っちゃいない。今は、四の五の言わずに、好奇心に駆られたこと、あるいは、先輩にやれと言われたことを死に物狂いでこなせばいい。28歳までの脳は、がむしゃらな入力エンジンで、毎秒何かを手に入れていけるのに、自分探しのためにうろうろするなんて時間がもったいなさすぎる。とにかく、なんでも取り込んでおけばいい。やがて、脳に確信が降りてくる。たぶん30歳を過ぎたころだけど」

だからね、28歳以下の若い人たちに、「どんな大人になりたい?」と尋ねたり、「理想の自分」を思い描かせたりするのはナンセンスなのだ。これを気にすればするほど、脳は霧の中に入ってしまう。迷いが出て、入力装置としての性能を上げ切らないで28歳を迎えることになってしまう。「四の五の言わずに走れ!」が正解である。

社会的自我が立つとき

28歳。脳は、その脳が生きている世界の、右も左も、上も下も、裏も表もわかってくる。というか、本当は逆で、28歳までに手に入れた情報で、世界観を構築するのだ。それまでに手にした知のアイテムを使って、世界の右と左、上と下、裏と表を決めるのである。

28歳を過ぎると、脳ががむしゃらさを失い、クールダウンして、周りが見えてくる。世界観が構築されたこともあって、「世の中、こんなものか」という感覚が降りてきて、自分の立ち位置も見えてくる。社会的自我が立つのである。

孔子は「三十にして立つ」と言った。「吾《われ》、十有五にして学を志し、三十にして立つ」と。単純記憶力最盛期の入り口（15歳）で学問を究め始め、30歳にして、社会的自我が立った、と。少なくとも2600年近くも前から、脳は、同じタイムスケジュールで生きてきたのかと思うと、なんだかしみじみしてしまう。

30歳のインスピレーション

30歳前後、脳は、なんらかのインスピレーションを得やすいときだ。そのインスピレーションが、その後の人生に大きな影響を及ぼしている。それを知るのは、ずっと後だけどね。

私自身は、30歳のある日、ふと強い焦燥感に駆られた。人工知能がけっして手に入れられないもの＝いのち。人工知能の研究者として、その真実に触れないといけないような気がしたのだ。それと同時に、自分の胎内でいのちが育まれる感覚を体験してみたくもなったのである。そう、子どもを産もうと、唐突に決心したのである。

考えてみれば、企業エンジニアだった私には、産休を取るチャンスは大きく2回しかなかった。エンジニアとして一人前になって管理職になる直前か、管理職になったあと部下のリーダーが育った後か。年齢で言えば、30前後か、40前後か。この最初のチャンスに差しかかっていた。

そうこうしているうちに、わが家に息子がやってきた。

あの日の焦燥感は、正しかった。息子を得て、私は、人間の脳の神秘に出逢った。人工知能なんかとうてい足元にも及ばない、果てしない潜在能力。そして、いのちの輝き……！

人類のみならず、命あるすべての者に対する敬意に目覚め、私は、真に人間に寄り添う人工知能を開発すべく、「ヒトの脳」の研究に着手したのだった。

30歳前後の人生の分岐点。自分で選んだにせよ、向こうからやってきたにせよ（脳科学的には、向こうからやってきたように見えるものも、自分の脳が能動的に関わっていた可能性が高い）、きっと、多くの人が、なんらかの心当たりがあるはずだ。

そのインスピレーションが、今のあなたの少なくとも一部を作っているはず。そのことを思い出して、30歳の自分を認めてやろう。よくやった、と。

唯一無二の地球旅

この本の原稿を書きながら、私は、奇しくも、自分の人生をおさらいしている気分になっている。おさらいしながら、唯一無二の「地球旅」をしていることに、あらためて気づいた。

私が見たもの、感じたもので、私はできている。私自身が重ねてきた、失敗と痛みと悲しみで、私はできている。世間の評価はどうあれ、私は、私が心地いい。

60歳を過ぎて、私の心には、そら豆の殻の内側のような、白い繊毛が生えているような気がする。すべての痛みと悲しみが、なんというか、ふんわりと着地するようになったのである。人からの批判や皮肉も、ふんわり。タクシーの運転手さんが道を間違えたときも、ふんわり。孫が、布団に水差しの水をぶちまけたときも、ふんわり。この心の状態はいいなぁ。大好きだ。

皆さんの脳にも、同じような思いが降りてきているといいなぁ。この本を読みながら、私と一緒に人生のおさらいをして、この宇宙にたった一つのドラマを生きていることを愛しいと思えてくれたら。そして、それをきっかけに、心に、そら豆みたいな繊毛が生えてくれたら。今まで、ガーンとかイラッで受け止めていたことが、ふんわりと着地して、くすりと笑えてくる。なにせ、生きるのが、うんと楽になるから。

迷いと惑いの30代

さて、人生のおさらいは、まだ続く。

28歳、この世のすべてを手に入れた脳だが（正確には、28歳までに手に入れた知のアイテムで世界を作るのだけどね）、最強かと言えば、それがそうじゃないのだ。たくさんの情報が脳に飛び込んでくるのだが、脳神経回路に優先順位がついていないので、どれが正解か判断しかねるのである。

将棋の米長邦雄氏は、「20代30代は何百手先も読めた。50代になったら、とんとそんなわけにはいかない。なのに、なぜか、50代のほうが強いんだ」と発言したという。「若いときは何百手先も読めるけど、どれが勝ち手か、死に物狂いで考えてもわからないことがある。けれど、50代は、勝ち手しか見えないから」

30代は、何百手先も読めるのに、勝ち手が見えない――これは、まさに、すべての30代の脳に言えることである。最大数の回答候補が脳に浮かび、だけど、直感で正解を選び取れない。選択に迷うし、腹落ちしていないので、選択したのちもまだ惑う。脳は、「すばやく選択する装置」であり、「腹落ちする選択」がミッションなので、このような選択満足度の低い状態は、なんとも苦しいのである。

30代は結婚しにくい

結婚も20代の「見えるものが少ない、がむしゃら脳」期なら、迷いなく決心できたのに、30代に突入すると、これが難しくなる。なにせ〝何百手先〟も読める脳だからね。ネガティブな行く末を想像したり、仕事との兼ね合いをはかったり、もっといい人が現れるような気がして、なかなか決心できなくなる。

脳が選択に迷う時期に突入したので、恋の相手にも、20代のような確信を感じることができない。相手のレベルの問題じゃない、自分の脳が鈍くなっただけなのに、脳の持ち主は「この人はいまいち。きっと、他に運命の相手がいるに違いない」と感じてしまうのである。

30代と言えば、キャリアウーマンなら、仕事も面白くなると共に、責任も重くなるころ。その上、「会う人、会う人、いまいち」じゃ、結婚できるわけがない。

20代に結婚してもいいと思う相手がいたら、さっさと結婚したほうがいい。結婚も子どももマストな時代じゃないけど、一度してみるのなら、20代ゴールがおススメ。

というわけで、親が結婚に口を挟んでいいのは、「20代で恋人がいる子ども」にだけだ。「結婚したいと思ったのなら、貯金を貯めてからとか、仕事が一段落してからとか言わずに、すぐにしたほうがいいよ。恋には賞味期限があるし、30代になると決心しにくい脳に変わるから。のちの人生で、あのとき、あの人と結婚しとけばよかったと思うようになる可能性大だから」と言ってあげよう。

私は、息子の人生にはあまり口を挟んだことはないが（勉強しなさいと言った記憶もない）、20代半ばに、初めて恋人を紹介してくれたときから、結婚だけはやいのやいの言ってあげた。「プロポーズはまだなの?」「この指輪を彼女にあげたい。娘がいないから、宝石なんて残す相手がいないから。ねね、ついでに、婚約指輪にすれば?」みたいに。でもね、彼が28を超えたら、いっさい口をつぐむつもりだった。

30代に突入した子どもたちには、結婚の話はしてはいけない。結婚しにくい脳になっている上に、前にも書いたけど、親から言われると、問題解決型回路を使うので、「感じる回路」が働かず、いっそ、相手が見つからなくなるからだ。

しかも、30代の決心は、失敗率も高い。なにせ、「脳が、失敗する道をわざと選ぼうとしている」ふしがあるのである。まぁ、それでも、30代には果敢に生きてもらわなきゃ。

脳は失敗したがっている

30代は失敗適齢期である。

惑う脳を、「直感が働き、腹落ちする脳」にしていくには、あまたの失敗が必要不可欠だからだ。

実は、失敗は脳にとって、最高のエクササイズなのである。失敗して痛い思いをすると、脳はその晩、眠っている間に、失敗に使った関連回路に神経信号が流れにくくなるように書き換えていく。つまり、失敗すると、その関連回路の「とっさの優先順位」が下がるわけだ。

失敗を重ねると、脳には「とっさに神経信号が行きにくい場所」が増えてきて、「そもそも目に入る余分な情報」が少なくなってくる。

こうなると、何かを決心したときの正解率も上がってくるし、「腹落ちする」感覚も増えてくる。

失敗をしないと、ヒトは勘も働かず、迷いと惑いの人生を行くことになる。しかも、「目に入ってくる情報」が無駄に多いので、脳はヒートアップして、つらくて耐えられなくなってくる。

でも、心配することはない。脳は、ちゃんと失敗してくれる。傍で見ていると、30代の脳は、選択肢のうち、失敗の匂いを感じるほうを選んでいるようなのだ。

30代は、脳が望んで失敗し、痛い思いをして、脳の優先順位を決めるそんな時期なのだと思う。特に35歳までは、惑いと痛い思いの交錯がひどすぎる。30代はつらかった、と思い出す人は多いのでは?

失敗を受け止めて、止まり木になる

私自身は、30代、起業して大失敗している。最初の起業に失敗して、何とか立て直し、43歳のとき、身の丈に合った小さな会社を興した。その二度目の起業を、実家の母と黒川の母が支援してくれたのである。その会社が、今年20周年を迎えた。

30代の波乱万丈は、親といえども止められない。言っても甲斐がないし（聞くわけがない）、言って失敗を未然に防いだところで、それが、子どもの人生にとって、よかったのかどうかは疑わしい。脳が失敗しようとしてるのに、それを止めたら、大事な「勘」を一つ、つかみ損ねたことになったのかも。良かれと思って、将来の大きな成功を、小さくしてしまったのかもしれない。

わが家の息子は、今年32歳になる。失敗適齢期の真っ最中なので、細かいことは多々あれど、総論としてはけっこう堅実に会社経営してくれている。これはどういうことかしら。これからど～んと何かあるのか？　あったとしても、私は、とりあえず受け止めて支援していくつもり。私の30代の波乱万丈に付き合わされた、幼かった彼への罪滅ぼしもあるし。


ヒトの脳はよくしたもので、プラスとマイナスの感性の振れ幅は一緒である。つまり、脳が大胆な選択をする30代、痛い思いをする分、感動も大きい。仕事のロマンも、冒険のロマンも、子育ての感動も、その臨場感というか、ジェットコースター感というか、迫ってくる感じが、とても強いのである。

つらい10年だけど、人生から30代を抜いてしまったら、ほんと味気ない。息子とおよめちゃんが、これからここを走り抜けていくのだと思うと、なんだか、胸がいっぱいになる。

自分の子だけじゃない、若い人の挑戦を見守って（60代には、ほぼ失敗することが見えていても）、痛めた羽を休める止まり木になってあげること。それが、私たちの使命なのだと思う。——と、息子の失敗を、ついなじっちゃいそうになる自分への自制のために、ここに書いておく。

失敗三カ条

さて、失敗は、脳の重要なエクササイズ。失敗しなかったら、勘は働かないし、センスは悪いし、思いやりは育たないし、人間が小さくなっちゃうし……で、いいことがまったくない。でも心配しないで大丈夫。失敗しない人間なんて、どこにもいない。でもね、せっかく失敗したのに、その失敗が脳に反映しない、という残念な事態はある。

というわけで、失敗を、確実に脳の進化につなげるための三カ条を言っておこう。次のとおりである。

1、失敗は他人のせいにしない
2、過去の失敗をくよくよ言わない
3、未来の失敗をぐずぐず言わない

ちなみに、30代は失敗適齢期と言ったけど、失敗による進化の回数は、本当は成長期が著しい。赤ちゃんは転ぶから歩けるようになるわけだし、恋愛もふられて成就率が上がってくるものだ。そして、脳は死ぬまで失敗に学んでいるので、失敗三カ条は、すべての年代に守ってほしい。

第一条　失敗は、他人のせいにしない

他人のせいにすると、脳が失敗モードにならないのである。だから、眠っても、何も起きない。まったく反省しないときも同じだ。

失敗を潔く認めて、胸を痛めること（脳に多少のショックの電流が流れること）。脳が進化するには、これが不可欠なのだ。

自分の失敗を他人のせいにするなんて、もったいなさすぎる。社会的には痛い思いをしているのに、脳が進化しないなんて、失敗した甲斐がないじゃない？　失敗は潔く認めて、胸を痛めよう。

ただし、ずっとネガティブな思いでいる必要はない。一回しっかりと心を痛めれば、それで脳には失敗フラグ（失敗したよ、というマーク）が立つ。これで大丈夫。寝ている間の進化が約束されたことになるから。

だから、寝るときには、清々しい気持ちで寝ていい。失敗したことを忘れていてもいいし、たとえ思い出したとしても「今日はやっちゃったな。けど、明日の朝、脳が

よくなってるから楽しみだ」と思っていい。

他人の失敗を横取りする

さらに私は、他人の失敗も横取りすることにしている。私以外の誰かが１００％悪い失敗でも、「私にも何かできたはず。ああすればよかった。いや、こうすればよかったのでは？」と胸を痛めるのである。これをしておくと、私がその立場に立ったときの危機回避に、この回路が発動される。

だから、上司の失敗も積極的に自分のものとして胸を痛めてきたし、当然、部下の失敗も、家族の失敗もそうやって胸を痛めてきた。

私自身は自分のためにそれをしているのだが、これが、めちゃくちゃ評判がいいのである。報告書の大事な部分を見逃した上司に「私も付箋紙をつけて差し上げるべきでした。部長は山ほどの書類を処理してるんだから」とか言ったりすると、よそで「彼女は仕事ができる」なんて言ってくれたりして、次の提案にも熱心に耳を傾けてくれたりするのだ。

若い人に出世のコツを伝授する

——他人の失敗も横取りしなさい。「私にも、できることがあったはず」と胸を痛めて、「私も○○すればよかった」と発言すること。

このことを、子どもや孫や部下に教えておくと、きっと彼らが出世する。そのためには、まず隗《かい》より始めよ、だ。60代が日常これをすること。子どもや孫や部下の失敗に、「ああ、それ、やっちゃうんだよな。私も、事前に気づいてあげればよかった」と声をかけることではないだろうか。

そして、この発言には、大きな副次効果がある。失敗に優しく共感してくれて、責任を分かち合ってくれる者を、人はけっして蔑《ないがし》ろにできない。いくつになっても、きっと若い人たちと関われる人生になる。それは、うんと素敵なことだと思うよ。

第二条　過去の失敗を、くよくよ言わない

失敗した晩、脳は、失敗に使われた関連回路の閾値《いきち》（反応を起こす限界値）を上げ、信号が流れにくいように操作している。つまり、失敗の翌日、失敗回路に信号が流れにくくなっているのである。

せっかく流れにくくしたのに、翌日もくよくよ言っていたら、どうなると思う？　脳は思い出せば、そこに信号を流して、記憶を新たにする。結果、信号が流れやすくなってしまうのだ。そう、なんと、くよくよ言うと、失敗しやすい回路になってしまうわけ。

ゴルフの練習をするとき、「あのとき、こっちにぶれたな。気を付けよう」なんて反省したら、脳は、そのとき使った神経回路に丁寧に信号を流してしまうのだ。脳は、身体の動きを想起しただけで、身体を動かすときに使う脳神経回路にいったん通電するからね。それを手足の駆動部とつなげないだけで。というわけで、その後振ったクラブは、たいていは反省したとおりに、ぶれてしまうことになる。

仕事の失敗など、ちらりと思い返してリスクヘッジに使うのはいいが、じっくり反省するのは危ない。勘が働かなくなる。

第三条　未来の失敗を、ぐずぐず言わない

過去の失敗でさえ口に出したら危ないのに、未来のまだ起こってもいない失敗をぐずぐず言うなんて、愚の骨頂である。「負けそう」「どうせ失敗する」「ダメに決まってる」なんてことば、言った時点で、失敗回路が元気にゲートを開き、負の未来を引き寄せる。

頑張る子どもに、「あなたは、あのとき、○○で失敗したよね。今回もそれで失敗しないように頑張って」のような声をかける大人がいたら、私は張り倒したくなる（乱暴な表現でごめんあそばせ）。だって、そんなこと言われた子が、うまく行くわけがないもの。失敗回路を上書きされて、本番に臨むなんて、気の毒すぎる。

年配者は、自分の不安を、若い人に垂れ流しちゃいけない。60代は気づきの天才な

ので、人によっては「不安の種」を山ほど見つける。それを孫や子どもや部下に垂れ流していると、「うまく行かない人生」を継承してしまうことになる。

60代で「不安の種」が浮かぶ人は、きっと、自分を育ててくれた人が「不安」を口にする人だったはず。その輪廻《りんね》、ここで止めようよ。

失敗ばかりなのは、運命じゃなく自分のせい

ネガティブな人は、「どうせ失敗する」と思い込み、そのことで自分の脳の失敗回路を活性化して、失敗しているのである。失敗させてるのは運命なんかじゃなく、自分だ。

私はだから、「反省」ということばが大嫌い。仕事やダンスで精進するときも、「あしたからダメだった」という考え方は絶対にしない。「こうすればよくなる」としか考えない。「膝を使って前に出ようとするからダメなんだ」ではなく「今度は、胸から前に出てみよう」のように。これらは表裏一体で同じことのようだけど、脳神経

回路の作られ方は、まったく違ってしまう。

子どもにも、私は、そういう言い方をしてきたつもり。「□□したらダメ」じゃなく「○○してみたらどう?」のように。もちろん、ときには、わかりやすくするために「□□じゃなくて、○○したほうがよくない?」と言ったりもするけど、けっして、本人が本番前に「□□しないようにしよう」なんて思いついたりしないように、ダメの部分はさらりと言うように心がけている。

「ダメかもしれない」「負けるかもしれない」と思ったら、たいていはそうなる。

人に何かを提案するときも、とっさに「断られるだろうな」なんて思ったら、きっと、断られる。なぜなら、ネガティブな結果を想像したとたんに、不安な表情になるからだ。ヒトは、実は、表情が移る生き物なのである。不安な顔は、相手に移って、相手も不安な表情になる。ヒトは不安な表情になると、不安なときの脳神経信号が誘発されて、不安になる。だから、この提案は受け入れられない、ってなるわけ。

成功体験は「なにかとうまく行く人生」をつくり出す

逆の言い方をすると「いいイメージ」は、とても有効なわけだ。そのイメージどおりに身体が動きやすいわけだから、いい結果を生みやすい。アスリートはよく絶好調のときを思い出すイメージトレーニングをするのだが、これは脳科学的にとても正しい。

とっさに、いいイメージを浮かべられる脳。それは、なんでもうまく行く人の脳の特性でもある。自分の身体もうまく動かせるし、周囲の人間の賛同も得やすい。いいイメージはいい表情を作り、目の前の人をいい表情にして、あげくいい気持ちにするからだ。

とっさに、いいイメージが浮かぶ脳——あなたに関わる若い人たちを、そういう脳にしてあげよう。

「とっさに、いいイメージが浮かぶ脳」になるために欠かせないのが成功体験である。

失敗は、脳にとって最高のエクササイズだが、成功もまた、脳にとって最高のエクササイズなのである。

小さな成功でいい。人生の先輩に、「自分がしたこと」を祝福してもらうこと。これが、若い人の脳に、「とっさに、いいイメージ（うまく行くイメージ）が浮かぶ回路」をつくり出す。

それは、赤ちゃんのときから始まる。

ものがつかめるようになったとき、台の上に立てたとき、最初に手づかみでものを口に運んだとき（それが食べ物でなくても）、ボタンを押したとき、コップを倒して水をこぼしたとき、ティッシュペーパーを全部箱から引き出したとき、食器をせっせとごみ箱に捨てたとき——孫の脳が初めてしたことを、私はとにかく絶賛する。

たいていの大人は、「喜ばしいこと」と「そうでないこと」に分けて、前者を褒めて、後者に顔をしかめたりするんだろうけど、私は分けたりしない。「彼が、それまでできなかったことをした」に注目するのみだ。

どんなことも、挑戦すれば祝福される。自ら行動を起こせば、きっとうまくいく。

孫には、脳の奥深くに、そのイメージを持っていてほしい。ことの是非なんて、後からいくらでも教えられるもの。

祝福は、何歳からでも効果がある

なんでも褒めていたら、危ないこともあるんじゃない？　そうそう、もちろん、危ないことは止める。孫は、私のＮＯに即座に反応して、身体を硬直させる。日ごろ、ほとんどのことを祝福してくれる人の「ダメ」は、めちゃくちゃ効くのだ。０歳児にだって、尋常じゃないことがわかるんだろう。

うちは、およめちゃんも、たいていの御無体を笑い飛ばすので（今朝は、ヨーグルトを自分にぶちまけられても、大笑いしていた）、ほんと、いいママだと思う。息子も、自分がそう育てられたとおり、おおらかに受け止めてる。問題はジイジで、０歳児相手に、ことの是非を言い募るので、ちょっと呆れる（そのおかげでジイジの「ダメ」は、ちっとも効かない）。しかしながら、１歳１か月になる孫とジイジは、なんだか、対等の親友のようになってきた。手加減しないジイジのことも、孫は大好きみたい。いろんな大人がいていいんだなと思う今日このごろである。

というわけで、「私は孫に、ダメを言いすぎたかも」と心がふさいじゃった読者の方がいたら、ぜんぜん大丈夫。祝福は、何歳から始めても効果がある。祝福してこなかった大人の祝福はきっと効果絶大だから（私のダメが効くように）、今日から心がければいい。

60代の成功体験も大切にしよう

そして、成功体験は、60代の脳にだって効く。

夫（妻）にも賞賛と祝福をあげようよ。

定年退職して、慣れない家事に着手した夫に、いきなりダメ出しをしないで、「初めてしたことを祝福して褒めちぎる」くらいのイベントがあってもいい。

長らく続けてベテランの領域に入った妻にも、あらためて「きみの料理（掃除）は奇跡だよ」と言ってあげてもいい。

成功体験をするために、新しい趣味を始めよう。

コツは、褒め上手な先生のもとで始めること。

60代は、のちに詳しく述べるが、旅と習い事の好機なのだ。実は、若い人よりずっとコツをつかむのが早かったりもする。というわけで、60の手習いは、意外な成功体験を生むのである。お試しあれ。

「不惑の40代」は「物忘れの40代」

話をぐるりと戻そう。脳で人生を語る旅は、まだ半ば。30代までしか終わっていない。

さて、迷いと惑いの失敗適齢期＝30代をくぐりぬけると、待っているのは「物忘れ」だ。40歳前後になると、誰の脳でも、物忘れが始まる。

でもね、憂うことはない。物忘れは、老化ではなく進化である。30代、失敗と成功を積み重ねるうちに、脳には、生きていくために有効な優先順位が出来上がってくる。「とっさに信号を流すべき回路」とそうでない回路に、分かれていくわけ。そして、そうでない回路の先にあるものは、とっさには思い出せないのである。それだけのことだ。

脳内には、天文学的な数の回路が内在している。とっさに選べる回路が多ければ惑い、少なければ惑わない。「とっさに惑わず、腹落ちする答えが出る脳」になるには、かなり失敗を重ねて、絞り込む必要がある。その域にまで達するのに、40年かかるってことだ。けっして、「28歳から老化を始めた脳が、とうとうボケてきた」わけじゃない。

孔子は、「四十にして惑わず」と言った。これって、天下の孔子でさえ、30代までは惑ったということなのよね。その上、四十にして惑わなくなった以上、孔子でさえ、物忘れが始まったはずだ。脳は、「惑わない」と「物忘れ」がセットになっているから。

40代は、物忘れが進むと共に、惑わなくなる10年間である。自分の脳の中に、核心としての答えが降りてくる。仕事では頼りにされ、子どもたちは受験期を迎え、責任はますます重くなってくる年代だ。

60代は忘れ放題

さて、その物忘れ。60代になると、忘れたことも忘れているので、けっこう気にならなくなってくる。それでOKなのである。たまに、あまりの物忘れに唖然とするけど（2階に上がったけど、何を取りに来たんだっけ……？）、それもご愛敬だ。前にも書いたけど、そのうち、一般名詞も忘れて、その用途も忘れるけど、それも恐れることはない。

いずれにしたって、脳が忘れるのは、「人生に必要がない」と脳が判断したから。脳にしたがって、のんびり生きていこう。

あるとき、上越新幹線に乗ったら、私の斜め前の席で、60代と思しき4人の女性グループが、楽しそうにお弁当を開いて談笑していた（コロナ前のことである）。そのうち一人が「ほらあの女優、ダンスの映画に出てた。で、監督と結婚した……」と言い出した。

向かい合った二人が応じるのだけど、「あ〜、わかるわかる。バレエの人！　あの社交ダンスの映画、なんてタイトルだっけ……」「○○さんの好きな俳優も出てたよね、面長の。え〜っと、何て名前だったかな。その人が出ていた時代劇が面白くてさ……あれ、なんて言ったっけ、あの時代劇」と、謎は広がるばかりで、誰も何も思い出せない。大宮駅を過ぎた辺りだった。その後、他の話を挟んで、何度か思い出そうとするのだけど、結局、みなさん、新潟まで思い出せなかったのである。なんて、チャーミングなのかしら。まぁ、思い出せなかったとて、ちょっと気持ち悪いだけで、人生にはなんら影響はない。この4人にとっては、社交ダンスもバレエも日常からかけ離れた世界の話で、結局どうだっていいことなんだろう。

かくいう私も、その女優の名前を思い出せず、一緒に悶々としてしまったのだけど、越後湯沢辺りで、「そうだ、インターネット！」と思いついた。携帯電話を取り出して、「社交ダンス　映画　女優　バレリーナ」と入れたら、一発で草刈民代さんが出てきた。

私たちの世代は、幸せである。「え〜っと、あれ、ほらほら」にインターネットが応えてくれる時代だ。ほどなく、ＡＩも助けてくれる。そう遠くない未来に、私たちは、自分専用のＡＩと一緒に暮らすことになる。たとえば、ブローチのようにセーターにつけて歩くことになるかも。「あ〜、あれあれ、先週、○○さんとの会話に出たあれ」なんて呟いたら、ずっと傍で聞いていてくれたＡＩが、「□□ですよ」なんて言ってくれる。物忘れしたって、全然平気。

ちなみに、今話題の「チャットＧＰＴ」をご存じだろうか。まるで人間のようにすらすらと、何でも答えてくれる検索ＡＩである。が、めちゃくちゃな嘘をつくことがあるので、ご用心。「黒川伊保子について教えて」と入れてみたら、「日本の小説家。１９５２年、神奈川県の生まれである。代表作に『蜜蜂と遠雷』があり、映画化されて大ヒットしている」と答えてきた。——誰？　生まれ年も出身地も違う。『蜜蜂と遠雷』は恩田陸さんの小説だが、恩田さんは、ウィキペディアによれば、1964年、青森県のお生まれである。

人工知能は、しょせん「入力されたことについて、演算して、出力してくる」だけの装置にしかすぎない。人間のジャーナリストのように、「ん？ なんとなくしっくりこないな……もうちょっと詳しく確かめてみるか」なんて感じることもないから、ネットの嘘をそのままいけしゃあしゃあと言ってくることになる。まあ、そんなチャットGPTも、検索者のフィードバックで正解率を上げていくのだろうけどね。

50代、誰もが何かの達人になる

惑いの30代、物忘れの40代の果てに、56歳、脳は次のフェーズに入る。とうとう、人生で一番、頭のいい時期が始まるのだ。

この章のはじめに、脳を装置として見立てると、28年ごとに性質が変わるとお話しした。最初の28年は入力性能最大期、次の28年は優先順位をつけていく期間、そして

56歳から始まる第三ブロックは、出力性能最大期である。

なぜ、28年かって？　実は、ヒトの脳には生理的な「7年周期」があるのである。私たちの脳は、厳密には7年ごとにステップアップしている。7歳は小脳の完成期、14歳は感性の完成期、21歳は前頭葉の完成期……そんなふうに。そして、7×4＝28年で大きなくくりがあるわけだ。

なぜ7年周期かは、ここで語るには長い話なので、興味があったら、ぜひ私の本『ヒトは7年で脱皮する』（朝日新書）をお読みください。


28歳までの「新しいことをすいすい覚えられる時期」が終わって、待ち受けていたのは、失敗と惑いと物忘れなので、どうしたって「脳のピークは28歳まで」と思い込んでしまうよね。しかしながら、脳は一秒たりとも無駄なことはしない装置だ（40年に及ぶ脳の研究で、私が深く確信していることである）。28歳でその目的が終わるなら、きっと命も終わるはず――私はそう信じて、脳の一生を解析したわけだけど、まさにそのとおり、失敗と惑いと物忘れは、大事な進化のステップだった……！

56歳の誕生日は、脳の完成記念日だ。脳内の回路に、十分に優先順位がついて、「とっさに正解が出せる脳」になったのである。

この場合の〝正解〟は、その脳が重ねてきた行動における正解である。たとえば、片づけものに意識と時間を割いてきた人は、「その人が通り過ぎただけで部屋が整う」域に入ってくる。完成度が高すぎて、本人は自然体。案外、気づいていないことも多い。

そういえば、50代半ば、私は「キッチンの上の棚から落ちてくるタッパーウェアとかラップとかを、見もしないで受け止められること」に気づいた。カサッという音だけで、どこに落ちてくるかわかるのだ。キッチンの作業台の上のものが滑り落ちるときも、見もしないで、膝で止められる（！）。いったい、何の達人？

その話を同世代の友人にしたら、「私もそうだわ」と顔を輝かせた友人が二人もいた。「50代って、すごいねぇ」と感心し合ったその晩、その話を息子にしたら、「はぁ？　まず、キッチンの上の棚に、タッパーウェアとかごちゃっと入れるのを止めたら？　その達人、まったく自慢にならないから」と呆れられた。ごもっともである。

30代、40代、タッパーウェアが、何度も落ちてきた証拠だものね（苦笑）。

男女ともにプロフェッショナリティの領域では、50代も半ばになると、さまざまなことに勘が働いてくるのを自覚する。正解を瞬時に見抜いて、即、腹落ちするので、「どうしようかな」と迷う時間も、「これでよかったのかな」と悩む時間も要らなくなる。俄然、仕事が早くなって、脳のストレスが少なくなってくる。いい感じ。

当然、主婦業にも磨きがかかってくる。冷蔵庫の残り物だけで、何通りも料理が浮かぶし、買わなきゃならないもの、やらなきゃならないことが、次から次に頭に浮かんできて、絶好調な感じになってくる。

63歳、押しも押されもせぬ人生の達人

脳が完成して、出力性能最大期に入った56歳。とはいえ、私の経験上、50代は、ま

だ青い。まだ、なかなか自分の達人ぶりが自覚できないもの。

本質を知り始めたとはいえ、まだ、文脈依存の本質。経験上の正解にすぎない。つまり、自分と同じ人生を歩んでいる仕事の後輩には、がつんと言ってやれるのだが、まったく別の道を行く、たとえばピアニストの娘に人生の神髄を語るには、もう7年の時を待たなければならない。そう、63歳は、押しも押されもせぬ人生の達人。本質を知る人たち、成熟脳の持ち主なのである。

若い脳に敬意を抱こう

ここで、あらためて、注意事項を。

ここまで何度も書いたけど、56歳からの脳は、脳の性能が上がりすぎて、若い人が愚かに見えてしまうことがある。周囲が「気が利かなくて、ぐずぐずする」「ことの是非がわからない」ように見えてくるのだ。だけど、若い脳を、そう断じてしまうのは、絶対にフェアじゃない。

私たちには、この世の森羅万象の中から、自分の脳が選び取った正解だけが見える。深い確信をもって降りてくるその答えは、「自分が生きてきた環境における、今現在」ではたしかに不動の真理、究極の正解かもしれない。

でもね、30代の脳は、30年後の真理と正解のために、今、着々と修行しているのである。彼らの脳が手にするのは、30年後の世界の正解であって、私たちのそれとはまた違う。１歳の孫に至っては２０８２年の真理と正解に向かっているのだ……！

自分の脳に降りてきた正解を、迷う若者にプレゼントするのはいいが、そのプレゼントを使うかどうかは、彼らの脳が決めることだ。

脳の中の「〇〇すべき」を呑み込もう

60過ぎたら、脳に浮かぶ、あらゆる「〇〇すべき」を、呑み込むべきだ。「勉強すべき」「一度やると決めたことは、やり抜くべき」「結婚すべき」「子どもを持つべき」「勤勉であるべき」などなど。

ちなみに、「一度やると決めたことは、やり抜くべき」は、日本人の親や祖父母が、子どもによく言うことだけど、これ、実は、脳科学的には一部NGである。スポーツや芸術の習い事については、子どもたちは、自分の才能に出逢うために、いろんなことに挑戦してほしい。12歳までに出逢うことが重要なので、どうしても時間が足りない。なので、「どうにも気持ちよくない」と思ったことは、止めていいのである。

ただし、学校の勉強は、いやでも続けたほうがいい。数学なんて、役に立つの？と思うだろうけど、これは、「認識回路のバリエーション」を作っている。微分積分なんて学校を出たら、多くの人は一生使わないが、これらをちゃんと理解すると、脳の中に、情報を整理するための秀逸な枠組みを作ってくれる。ものごとの「エッジライン」だけを見る演算＝微分と、ものごとの「存在感」をつかむ演算＝積分。意識しなくても、脳の中に変化が起こっている。世界の国々で、長らく子どもたちの育ちに必要不可欠だと思われてきた教科は、やっぱり大事なのである。

60代は、誰でもコンサルタント

私は、63歳以上のさまざまな人たちが、自分の得意領域を語るサロンがあったらいいのにな、と思う。

営業職で生きてきた人は営業の極意を、編み物が得意な人は編み物の極意を語るのである。仕事とか家事とか趣味とかにジャンル分けせずに、男女の垣根もなく。きっと、どの話にも、その道の本質が見え、人生の神髄が見え、この世の真理が見えてくるはずだ。そして、若い人の相談に、皆で乗るのである。営業の達人も、編み物の達人も、一緒に恋の相談に乗ったりしてね。楽しそうじゃない？

孔子は、五十にして天命を知る、六十にして耳順《したが》う、と言った。

耳順う、とは、人の言うことに耳を傾けることができる、という意味合いだそうだが、さもありなん。六十を過ぎると、目の前の若者が何かわけのわからないことをまくし立てても、その若者の本質をがつんと腹でつかんでやれるから、そのことばの真実を聞いてやれるのだろう。

これは、孔子だけに起こることじゃない。56歳になれば、誰もが何かの達人になって、とっさの勘が働くようになる。その土俵で、人生を語れるようになるのである。そして、63歳にもなれば、自分とはまったく別の道を行く若者にも、一筋の光になる答えをあげられる。

80歳のアドバイス

40代の終わりごろ、同世代の女友だちと二人で、80歳の素敵な女性を訪ねたことがある。

彼女の住む海辺の家に向かう車の中で、友人が、ふと、こんなことを言い出した。

「目標のない恋って、どうしたらいいかわからない」

いわく、ある人を好きになってしまった。その人と、同じ空間にいると幸せになる。ことばを交わすとパワーをもらえる。一言で言えば、すごく好き。もちろん、夫が嫌になったわけではなく、家庭を捨てるつもりもないわけで、だとすれば、この思いをどうすればいいわけ？

未婚のときは、好きになれば、結婚というゴールに向かって邁進《まいしん》すればいい。けど、その道を行けない「好き」という気持ちは、持て余してしまう。どうしていいかわからなくて、苦しい。

私は、「好きっていう気持ちを、楽しめばいいのに。飴玉を、口の中で転がすように。いつか、ゆっくり消えてなくなるから」

「無理！」と彼女。「じゃぁ、あきらめるしかないね」と私。「え〜、それも無理」と彼女。話が堂々巡りになりかかったところで、くだんの女性の家に着いた。

ワインとチーズを楽しみ、ひとしきり談笑しての帰り道のことである。

同行の友人が、「あなた、私の恋の話を、あの方にした？」と聞いてきた。「するわけないじゃない。ずっと一緒だったでしょ？」と答える。

「そうよね」と彼女は不思議そうな顔をして、こう続けた。「あなたが席を立ったとき、彼女がふとこう言ったの。――女はね、人に言えない恋の一つもないと、女って言わないのよ。恋しい当の本人にさえ告げない恋だっていいの」

私たちは、恋の話をひとつもしなかった。ただただ、彼女の話を楽しんだだけだ。

なのに、成熟した80歳の脳は、友人の悩みを見抜いたのである。

「だから、この気持ちをしばらく楽しんでみようと思う」と、彼女は晴れやかに微笑んだ。「それって、この道を来るときに、私が言ったよね」と突っ込んだけど、友人には聞こえていないようだった。


60代から、さらに20年の熟成を重ねた80代の脳、おそるべし。悩み事を打ち明けてもいないのに、珠玉の回答をくれるとは……！

そういえば、わが社の副社長も80代である。彼の「予言」のような慧眼《けいがん》が、会社を救ってくれたことがある。日々の研究でも、さまざまな知見をくれる宝物のような存在だ。

私たちは、こんな成熟に向かっているのである。若さへの憧憬や、老いへの不安にからめとられて、暗い気持ちになるなんて、一秒たりとも惜しい気がする。

自分の棚卸し

60になったら、自分が何の達人になったのか、探ってみてほしい。自分の棚卸しをするのである。

これまでの人生を通して、ずっと意識してきたこと、やってきたこと、好きだったこと——小さなことも、見逃さないで。私は、落ちてくるタッパーウェアキャッチのほかに、最近、自分の着物と帯と帯締めと帯揚げのコーディネートに惚れ惚れしている。離乳食はかなり美味しい。糠床《ぬかどこ》にも自信がある。職業の専門領域にも、いくつかの「自分にしかできないこと」を拾える。

そうやって、自分の脳に降り積もった「知の結晶」を数え上げると、長く生きたことが、きっと誇りに思えてくるはず。そして、同時に、自分のことを好きになれるはず。そうこうするうちに、若さへの憧憬も、老いへの憂いも、きっと消えていくに違いない。
60歳、バンザイ！

第5章

「夫を気にする」を捨てる

この章では、末永く一緒にいる（羽目になった）、定年夫婦への提言をしようと思う。

まずは、プライベート時空の確保

長らく別々の行動をとってきた夫婦が、24時間一緒に過ごすことになったとき、最初にしなければならないのは、互いのプライベート空間の確保である。

いつだったか、住宅メーカーの宣伝で、「互いが目に入りながらも、つかず離れずの距離感を保てるリビング」みたいな提案があったが、私は賛成できない。目に入らないほうがいい。目に入るとイラっとする、が、夫婦の基本だからだ。

理想は、互いの気配は感じられるが（生活音は聞こえるが）、目には入らない個々の空間を確保すること。

分けるのは空間だけじゃない。時間も分けなくてはいけない。

たとえば、夫が書斎、妻がリビングにいて、空間を隔てていたとしても、夫が「この麦茶、飲んでいい？」「お昼何？」なんて気軽に声をかけていたら、妻は、自分のしたいことに専念できない。逆もまたそう。

だから、いったん、互いのプライベート空間に入ったら、しばらく声をかけない配慮も必要だ。何なら時間を決めて、その時間までは、相手のプライベートエリアに踏み込まないルールにしてもいい。

「3時までは、声をかけないでね」というのも棘《とげ》があるから、「3時に一緒にコーヒーを飲みましょう。それまで、私は編み物（韓流ドラマ）（ガーデニング）に集中しちゃうわね」というのがいいのでは？

夫婦は「一緒にいる」のに向かない仲

そもそも夫婦は、一緒にいるのに適さない二人なのである。

雌雄で生殖する動物はおしなべて、生殖の際に感性真逆の相手を選ぶことになっている。人間で言えば、ＨＬＡ遺伝子（免疫抗体の型をつくり出す遺伝子）が遠く離れて一致しない相手を選ぶ。免疫抗体の型は、細胞レベルの「外界刺激に対する反応」を決するものである。これが違うわけだから、たとえば、かかりやすい病気が違ってくる。逆に言えば、生体としての強さのタイプが違ってくるわけだ。癌になりにくい、細菌に強い、ウィルスに強い……。

そう、「生殖」とは、「違うタイプの遺伝子を掛け合わせ、子孫に、よりバリエーションン豊かな遺伝子を残して行く行為」なのである。だってほら、寒さに強い遺伝子と、暑さに強い遺伝子を残しておけば、地球が温暖化しても寒冷化しても、子孫の誰かが生き残ることになって、絶滅を防げるでしょう？　地球上の生態系は、本当によくできている。

そして、「発情」とは、「いっそかけ離れた遺伝子の持ち主を見つけ出したときの脳の反応」なのである。

惚れ合って一緒になった夫婦は、生体反応が異なる相手。当然、夫婦の快適な室温が一致するわけがない。おそらく、暮らしの中のちょっとした反応も違ってくる。寝つきがいい／寝つきが悪い、油ものが好き／油ものが苦手、せっかち／おっとり、几帳面／大雑把などなどだ。

おっとりした人が、せっかちな人の行動を目にしたら、イライラする。もちろん、逆もそう。というわけで、夫婦の生活空間は、分けたほうが無難なのである。

夫婦の愛着を培う「暮らしの気配」

昼間の大半の時間を過ごす場所を、互いに確保しよう。互いのしていることが目に入らない場所。ただし、互いの動く気配がわかる場所。トイレに行ったり、水を飲んだり、料理したり掃除したりする音くらいは聞こえてほしい。

なぜなら、音がすれば、脳は無意識に「一緒にいる感じ」を味わっているので、相手への愛着のようなものが湧いてくるから。熟年夫婦の間で、愛着を培うのは、とてもとても大事なことだ。もっと先、二人が寄り添って、〝二人で一人前〟となって生きる日のために。

音が聞こえると、相手への理解にもつながる。

ある年配の男性が、私にこんなことを言ってくれたことがある。「黒川先生は、『妻のトリセツ』の中に、ゴミ捨てに8工程があるって、書いてたでしょう？　ゴミ袋の在庫管理、ゴミの分別……夫が手伝ってるゴミ捨てなんて、その一工程にしかすぎない、って。先週の日曜日、僕が2階の書斎で横になって本を読んでいたら、下で妻が掃除機をかけている音が聞こえてきた。それが几帳面に、部屋の隅を何度もなぞる音なんです。僕は不意に、妻はゴミ出しだけで8工程もあるような家事を何十年もこなしながら、こうして丁寧に掃除機をかけてるんだ、と思いいたって、目頭が熱くなりました」

妻への感謝というか、妻の人生の重みというか、そういうものが迫ってきたのだという。「それに気づかせてくれて、ありがとうございます」とその方はおっしゃったけど、私のほうこそ感謝である。私の一冊が、こんなふうに夫婦の愛着を養ったのかと思うと、胸がいっぱいになる。

で、そのとき、悟ったのである。夫婦が別々にいるのは理想だけど、生活音が聞こえないと、「相手の人生」を感じることができないんだなと。

ちなみに、わが家の夫は、定年退職後、革細工を始めた。その腕前は想像以上で、商品と見まがうくらいの、プロのような仕上がりなのである。私のトートバッグや眼鏡ケース、携帯電話の充電ケーブル入れも作ってもらっている。私たちは、1階と3階に部屋が分かれているけれど、夫の使う木づちの音が聞こえると、なんだか安心して、優しい気持ちになってくる。人が動く音は、やっぱりいい。

というわけで、互いの音を聞きましょう。

笑顔は、愛着を育てる

夫婦の愛着を培うコツは、もう一つある。笑顔である。

たまに廊下ですれ違うとき、食事時にリビングで顔を合わせる瞬間、笑顔を心がけよう。笑顔をくれる人に、人は愛着が湧きやすいから。

人は、他人には、けっこう笑顔をプレゼントするのだけど、長年連れ添った伴侶には、案外笑顔を向けないものだ。一番、愛着を分かち合わなければならない相手なのにね。

結婚した以上、愛着なんて努力しなくても、そこにあるものだと思ってる？　婚約指輪のように、不変の輝きを擁しているものだと？　いやいや、「愛着」は生き物である。鉢植えに水をやらないと枯れてしまうように、笑顔も優しい共感のことばもなかったら、愛着はついいえてしまう。鉢植えの花に水をやるように、妻に（夫に）、笑顔をあげよう。

ちなみに、いつも笑ってなくて大丈夫。一緒に部屋に入って、最初に顔を合わせた瞬間だけで大丈夫。

習慣は、夫婦の絆になる

愛着を培うコツをもう一つ。先ほど、「3時にコーヒー」の例を挙げたけれど、夫婦の日常に、一つ以上の習慣を持つことをおススメしたい。

習慣は、夫婦のみならず、男女の絆を創る大事なアイテムなのである。習慣は、男性脳に「定番」を、女性脳に「時間を紡ぐ愉楽」をくれるものだからだ。


男性脳は、「定番」には強いが、「臨機応変」が難しい。

3時にコーヒー。そう決めてくれれば、本屋の帰りにコーヒー豆屋に寄るくらいの思いやりが発動できる。その習慣がないと、ふと通りすがったコーヒー屋の前で、「妻がコーヒー好き」なのを思い出す確率がけっこう低いのだ。思いやりがないのではない。コーヒーから妻、という逆引き検索が不得意なのである。

習慣は、男性脳にゴールポストのように立っていて、いつでも思い出すことが可能だ。つまりね、男性の思いやりが欲しかったら、二人の間に習慣を作ることなのである。


女性は、逆引きの〝芋づる〟式検索が得意なので、出先でふと見たもので、即座に家族や友人の顔を思い浮かべる。出張先の、ちょっとしたすき間時間に、家族にメールもできる。だから、同じようにしてくれない夫や恋人に絶望するのだけど、あれはしないのではなく、できないのである。

なので、私は、出張する男性たちに、こうアドバイスする。帰りの新幹線で、妻にメールをしなさい、と。

東海道新幹線で東京に向かっていれば、小田原を過ぎるときに「ただいま小田原駅通過中」と電子掲示板に文字が流れる。空間認知力の高い男性は、けっこう気づくので、あれを見たら妻に「今、小田原通過中」とメールすればいい。それだけで妻は、夫への愛着ポイントを増やすのである。東北・上越・北陸新幹線から東京帰着なら、大宮駅発車時がおススメ。他の地方の方は、自分で見つけてね。

妻のほうは、夫が帰ってくる時間を逆算して、料理を仕上げる時間を決められる。それにね、なんといっても、女性脳のキーワードは時間。「3時にコーヒー」「7時に夫の帰宅」、そんなふうに決まったら、それまでの時間を、なんとなくそれを楽しみに過ごすことになるのである。

いきなり帰ってきて、お土産をもらっても悪くないけど、「今、小田原通過中。きみの好きな◯◯、買ったよ」なんてメールをもらったら、2時間くらい、楽しい気分でいられるわけ。そして、2時間分の情緒が、すべて夫への愛着ポイントとなって、積み立てられるわけ。

毎日のコーヒータイムだって、そうなのだ。今日は、庭の草花を摘んでテーブルに飾ろうかな。バナナケーキ焼こうかしら。そんなふうに一人で勝手に「コーヒーまでの時間」を楽しんでおいて、その情緒を、全部、夫への愛着ポイントに変えてくれる。それって、かなりお得な話でしょう？

夫婦には、習慣が不可欠である。特に、子育てを終えてしまって、「家族の習慣」が消えてしまった二人には。

この世は本当によくできている

話を戻そう。

夫婦は、バリエーション豊かな遺伝子配合のために、感性真逆の相手に惚れる。

そして、感性の違いは、さらに、子どもと二人の生存可能性を上げているのである。

「とっさの行動」が真逆になることで、お互いを守り合うことができるからだ。

たとえば、「ふと不安になって、周囲を確認する」とき、「空間全体を眺めて、動くものに瞬時に照準を合わせる人」と「身の回りを綿密に感じ取って、針の先ほどの変化も見逃さない人」がいる。感性が違う二人がペアになれば、死角のない鉄壁のペアになれるってことだ。大切なわが子に外敵が近づけば、夫（妻）がいち早く気づいて迎撃し、妻（夫）は、混乱の中でも、子どもから一瞬たりとも意識を離さず守り抜くことになる。

感性真逆の相手に惚れる仕掛けは、二重の意味で、よりよい生殖のための基本プログラムなのである。

夫婦喧嘩も種の保存の一環

「違う個性を持ちよって、互いと子どもを守り抜く相手」なのだから、二人が違うことを認め合って、互いに尊重し合えたら、どんなに美しい二人だろう――と思うけれど、残念ながらそうはいかない。

とっさに違う正解が出る二人。譲り合っていたら、危ないからだ。

たとえば、沈みゆく船の中で道に迷い、出口を探して走る二人の前に、二手に分かれる道があったとしよう。夫は左、妻は右と答えが真逆になったとき、どう〝演算〟したら、いち早く正解を手にできるか……そう考えてみればいい。

「あなたの言うとおりでいいわ」「いや、君のほうにしよう」なんてやっていたら、答えが決まるのに時間がかかってしまう。しかも、両方とも自分の「命の直感」を投げ出すわけだから、もったいない限り。というわけで、譲り合いは危険だ。

即座に激しく喧嘩して「命の直感」をぶつけ合い、意志の強いほう、すなわちとっさの確信が深かったほうが勝つ。この仕組みが、最も正解の確率が高い。

仮に、意志の強さが拮抗して答えが出なかったら、二手に分かれればいい。どちらかが生き残って、子どものもとに帰れるから。このとき、潔く背に背を向け合って、弾かれたように走り出すためには、互いを憎み合っていなければならない。

だから、夫婦喧嘩は激しくて、憎み合うものなのだ。かつて愛し合った相手なのに、別れるときには、虫唾《むしず》が走るくらいに嫌いになる。それは、二人のうちのいずれかが必ず生き残るための本能のプログラムなのである。

ことの是非より、妻の気持ち

互いを尊重して、譲り合おう。

道徳的で、美しいことばだけど、残念ながら、夫婦はそんな関係にはなれない。夫婦は、生殖と生存の核になるペアだからね。「命の直感」をぶつけ合って、やや強引にことを進め合い、折り合いがつかなければ、憎み合って背と背を向けるのが正しいのである。——50代まではね。

そう、思い出してほしい。私たち60代は、もう生殖の役割は終わったのである。もう、そこまで激しくやり合うこともなくない？

男性は、妻に対して、ことの是非を言い募る。妻が悲しんでいるのに、「きみも、こうすればよかった」「向こうの言うことにも一理ある」とか一撃を加えてくるけど、あれって、必要？

妻が悲しがっているのなら、ことの是非はひとまず置いておいて、「つらかったね。頑張ったね」と言ってあげればいい。生殖期間は終わったので、「命の直感」をぶつけ合って、憎しみが湧くような喧嘩をしなくてもいいのだもの。

神のプログラム

夫婦のエアコンの温度が一致しない理由。夫婦が、ちょっとしたことにイライラし、意見が食い違えば逆上して言い争い、折り合えなければ、憎み合う理由。すべて、生殖のためのよくできたプログラムの一環だったのである。

私は大学では物理学を専攻し、卒論のテーマは素粒子だったけど、素粒子一つ、すべてが奇跡のような整合性で、この世に存在している。無駄なものは一切なく、まるで神の手で創られた精巧なプログラムのようなのだ。

社会人になってからは、40年も脳と付き合っているけれど、脳のすることにも、すべてに整合性がある。多くの人間がついやってしまうことには、人類の存続をかけた深い意味があるのである。

この研究をしていると、脳は、一秒たりとも無駄なことをしていないのがわかる。

生殖プログラムを終了させよう

でもね、生殖期間を終えてなお二人で生きていく夫婦には、無駄とは言わないが、過剰なのである。生殖しないのに、生殖のプログラムを踏襲するなんて。

男がことの是非を言い募り、女が感情を溢れさせて言い争うのは、生殖期間中は、生殖を完遂させるための大事な演算だけど、もう完遂してしまった二人が生きていくには、乱暴すぎる。

男性も女性も、ことの是非をぶつける前に、相手の感情を大事にしてみない？

妻が（夫が）、自分に起こったつらかったこと、腹立たしいこと、痛かったことを訴えたら、「それはつらかったね」「それは腹立つよね」「痛かったでしょう？」と、相手の形容詞を反復すること。

同意できないことなら（「いやいや、この人、間違ってる」と感じたなら）、「そうか」「そうなんだ」「そんなこと、あるんだなぁ」と受けてあげればいい。同意してくれたわけじゃないけど、心に寄り添ってくれているのがわかるから。

女性脳の警戒スイッチ

脳の生殖プログラム、まだある。

哺乳類、鳥類、爬虫類のメスたちの脳には、オスに対する警戒スイッチが搭載されている。オスのアクションに対して、「攻撃されてる!?」と反応する機能である。

リビングで寛《くつろ》いでいるとき、夫がふいに入ってくれば、イラっとする。夫がいきなり5W1Hの質問を投げかけると、感情的になる。夫「そのスカート、いつ買ったの?」妻「安かったからよ」、夫「この荷物、どうしてここに置いたの?」妻「邪魔だってわけ!?」、夫「どこ行くの?」妻「どこだっていいでしょ。あなたに関係あるわけ?」、夫「何時に帰る」妻「わからないわよ。デパートの混み具合によるし」

こんな会話、どのご夫婦にも、心当たりあるんじゃないだろうか。妻もイラついてるのだろうが、夫もまた、あまりにつっけんどんな妻の回答に、「なんで、こんな優しくない人と結婚しちゃったんだろう」と思うらしい。

実は、妻には、夫のいきなりの質問が、すべて自分への威嚇やいちゃもんに聞こえるのである。それもこれも、脳の警戒スイッチのおかげだ。

哺乳類、鳥類、爬虫類は、オスとメスの生殖リスクが違う。特に哺乳類は、生殖におけるメスの負担が著しく高いので（身ごもって、命がけで生み出し、血液を母乳に変えて与え続けるのだもの）、その辺の遺伝子相性の悪い相手に妊娠させられるわけにはいかない。このため、異性のアクションに対して、瞬時に激しく警戒する必要があるのだ。脳の辺縁系周辺にある本能のスイッチである。

女の恋には賞味期限がある

このスイッチが効いたままだと生殖が成立しないので、遺伝子マッチングに成功して（感性真逆だと判断して）発情した途端に、その男性に対してだけ、警戒スイッチが解除される。それが恋の始まりだ。警戒スイッチが働かないので、「どこ行くの?」

と聞かれたら「どこだと思う〜?」「ないしょ〜♡」なんて応えるのである。「何時に帰る?」にも「できるだけ早く帰るね(ちゅ)」なんてね。

しかしながら、恋は永遠じゃない。もしも生殖成立しなかった場合には、この個体に一生ロックオンしていたら遺伝子を残せないからだ。一定期間(一生殖に必要な期間。人間の場合だと2〜3年)を過ぎると、再び警戒スイッチが作動してしまう。この再作動の前に結婚して子作りに入らないと、たいていの場合、「長い春」の果てに、気持ちが冷めてお別れ、という羽目に。若い人たちには、ぜひ教えてあげてほしい。

さて、子どもができた後も、いったん、警戒スイッチが入る。子どもをある程度大きくするまで、次の妊娠は危ないので、身を守らなきゃならないからだ。それともう一つ、遺伝子の豊かなバリエーションを残すには、「相手を変える」ほうがよりバリエーションが増えるのは自明の理。このため、脳は、いったんゼロクリアにして、再び、生殖の相手を探すわけ。

というわけで、夫の皆さん、今目の前にいる60代の妻は、恋をゼロクリアしたたにもかかわらず、再度あなたを選んで、こうして長い年月を共にしてくれた相手なのである。ほんと大切にしてあげてほしい。

そして、妻の皆さん、最後の子どもを産んだ後、生殖をしないまま一緒にいる夫に、女性脳は「イラついて追い出したい」モードに入るのが当然なのである。つまり、夫の言動にイラつくのも、夫のせいじゃない。だって、新婚のときは、「いつ帰る？」にムカつかなかったでしょ？「さみしい？出かけるの止めようか」みたいに答えたでしょ（微笑）。

共感は、恋を永遠にしてくれる

動物生態学の竹内久美子氏によれば、動物のメスたちは、基本、つがいの生殖の相手よりも、免疫力の高いオスとしか浮気しないそう。つまり、圧倒的に免疫力の高いオスとつがうか、より免疫力の高いオスに出逢うチャンスのないメスは、一生つがいの相手にロックオンできる。けれど、それは、かなり稀《まれ》なケースなのだ。だって、どんなに免疫力の高いオスだって、加齢によって、免疫力は下がるからね。
　それを乗り越えて、恋を永遠にする方法がある。それが「共感」なのだ。悲しいこと、つらかったこと、憤慨したこと、ちょっとした気づき。それに「そうか」「そうなんだ」「たいへんだったね」「きみもよくやっているよ」なんて言ってくれる男を、女は一生手放さない。

　それと、依怙贔屓《えこひいき》も大事。
　娘よりもおよめちゃんよりも、当然よその女性よりも妻を優先しなきゃ。妻が若い女性を見て「きれいねぇ」と溜め息をついたら、すかさず「若いときのきみのほうがきれいだったよ。今のほうがもっときれいだし」な～んて言ってみ！　再び、恋に落ちるよ。ほんとです。

　生殖期間が終わって、世間でいう老域に入っても、共感してもらった瞬間、依怙贔屓してもらった瞬間、恋に近い感情がふっと湧き上がる。それが女心である。男性脳が好きな正義（ことの是非）は、この際脇に置いて、ほんの少し甘い嘘をついてもいいのでは？　妻だって、そんなのエスプリだとわかってて、それでも、それをしてくれるジェントルマン精神に惚れるのである。

夫のことばを裏読みしない

生殖しないオスを疎《うと》ましがる本能は、止めることができないけれど、せめて、夫のことばにイラつくのを止めてあげよう。

裏読みをしなければいいのである。

「それいつ買ったの？」と言われたら「それ、いいね」と言われたと思おう。

実際、男性の質問は、ほぼすべてスペック確認なのである。何万年も狩りや縄張り争いをしてきた脳だからね。自分の縄張りに、見慣れないものがあったら、即、確認しないと危ない。予想外の現象、予想外の行動にもチェックを入れずにはいられない。ただそれだけのこと。私たち女性のように、充満した不満を表明するための「どうしてなの！」を言ってるわけじゃないのだ。

「おかず、これだけ？」は、「このめざし一切れで、ごはん2杯食べればいいんだよね、後から肉が出てくるなんてことないよね」の確認なのであって、けっして「一日家にいて、これだけかよ」という意味じゃないらしい。

まぁ、たまさか、そんな意味で使う女々しい夫だったとしても、明るく「そうよ。足りなかったら、ふりかけもあるけど」と微笑んでしまえば、こっちの勝ちでは？（なんの勝負かわからないけど（微笑））。

生殖しないオスを疎ましがる本能は、生殖機能を失っても、どうも解除されないようなのだ。私の母なんか、70代で最高潮に達していた感がある。

夫が家にいるようになる60代、「夫を気にしない」たしなみが、妻には必要なのだと思う。

第6章

「友を気にする」を捨てる

この章は、主に女性へのメッセージである。

友情に関して言うと、女の友情と、男の友情は、様相がまったく違う。

男たちの友情は、「一緒にいたい気持ち」というより、「場」を基軸に紡がれていく。

だから、嫌になったら「場」に行かなければいい。

女たちの友情は、「一緒にいたい気持ち」でつながるので、その気持ちに温度差があったときに、距離の取り方に悩むことになる。

男たちが会うには、理由が要る

わが家の夫は、下町育ちの江戸っ子である。当然、祭り中心に生きている。わが家は、鳥越神社の氏子なので、毎年6月の鳥越祭りは大騒ぎ。朝から晩まで神輿を担いで、ときには延べ60人もの人たちが家を出入りする一大社交イベントでもある。

コロナ明けの今年、夫は、家族と友人たちとで、揃いの浴衣を仕立てることを決意。およめちゃんセレクションの大胆な柄に、夫の発案で、藍染めにぼかし（グラデーション）を入れたので、かなり粋な浴衣が出来上がりそうだ。これを皆で着て歩いたら、かなりの迫力だろう。反社会勢力に見えてしまわないか、やや不安……。

まぁしかし、こういう「定番」イベントにかける夫の意気込みはすごいし、それに応えてくれる友の友情も厚い。

こういう姿を見ていると、業種や地域ごとに存在する社交倶楽部やゴルフ倶楽部、銀座のクラブ、商工会、町会、碁会所などの存在意義がわかってくる。男たちは、目的もないのに「会いたい気持ち」だけで電話なんかしない。「ねぇ、会わない？　お茶しようよ」「会いたいねぇ、飲みに行かない？」なんて言わないでしょ。

男たちが会うのには、理由（集まる目的）が要るのだ。お祭り、ゴルフコンペ、ボランティア、「そろそろ顔を出さないとママに叱られる」とかね。

だから、会いたくないときは、その「場」に行かなくなればいいだけだ。あっさりしたものである。


そうそう、だから、「小学校から、学区外の私立に通う男の子」を、私は、少しかわいそうに思うのである。地元の「場」に入りそこねるから。夏休みや塾帰り、公園でたむろする小中学生の男たちの「場」に入れないのは、かわいそうだ。

女の子は大丈夫。「ねぇ、会わない?」と、気持ちだけでつながれるからね。

距離の取り方がわからない

さてしかし、その気持ちでつるむ女たちには、男にはわからない悩みがある。人間関係の距離の取り方だ。

60代の友だち関係は、案外難しい。子育てや仕事が言い訳に使えなくなるから、友だちにどっぷり依存されてしまうと逃げ道がなくなる。夫がいれば、夫を言い訳にできるけど、独身だと、途方に暮れてしまうこともあるはず。

ある女性から「友だちとの距離の取り方がわからない」と相談を受けた。「近所に同じ年代の友だちがいるんです。お互い独身なので、週末はなんとなく一緒にご飯を食べるという習慣になってしまった。一緒にいれば楽しいけど、ときには一人でゆっくりしたいこともある。それなのに、『今週は何食べる？』のように毎週当たり前のように振る舞われると、ちょっと疲れてきて、距離を作らなきゃ、となりますよね」と訴えた。

かと思えば、ある女性は、「仕事終わりに、同僚につかまっちゃうんです。時には1時間以上も愚痴を聞かされることがある。彼女、私以外に話を聞いてくれる人がいないらしくて」と頭を抱える。

人間関係の距離感に悩む女性の多くは、優しいので、なかなかNOが言えない。このため、「自分の気持ち」よりも多めに踏み込んでくる相手を止められず、疲れて、適正の距離感を保てる関係になりたい、と願っている。

さぁ、どうしたらいい？

率直に気持ちを伝えればいい

前出の質問、私なら、「今週はひとりでゆっくりするわ」と率直に言う。友はきっと、私の友情や愛情を疑わず、「たしかにそうよね、人間、ひとりの時間も大事よ」と思ってくれると信じてるから。まぁたぶん、そうでない人もいたのだろうけど、そういう人とは疎遠になって、結果、わかってくれる友人しか残っておらず、だから、ますます素直に言える……という好循環なのかも。

というわけで、率直に気持ちを伝える、というのが、第一のアドバイスだ。

ただし、その場合の「率直」だけど、「毎週、当たり前のようにうちに来ようとする態度にドン引き」という気持ちを伝えるのではない。ドン引きの理由は、「たまにはひとりでいたいのに」なのでしょう？　そっちを伝えるのである。

多くの人が、率直に気持ちを伝えたらいい、というと、「嫌な思い」を伝えると思いがちだが、そうなってしまった「本当はこうしたかったのに」のほうを伝えるのである。

嫌な思いは、この際、隠蔽すべき。だって、嫌な思いは、友が悪いわけじゃない。自分が、適正な距離の取り方を、相手に伝えられなかったのが原因である。

二人の人間の「会いたい気持ち」の強さが、常に同じというわけがない。長い付き合いの中では、「会いたい気持ち」は忙しさや疲労にかき消されるときもあり、時には、どちらかが強くて、どちらかが弱いというのが当たり前。そんなとき、互いに「今週は会わない」を率直に伝え合える友でありたい、と私は思う。

「夢中になれる何か」を決めること

とはいえ、そんな素っ気ないことできないわ、という女心もわかる。友の「会いたい」に応えるのが友情、というのが、多くの女性たちの友情の定義だもの。だからこそ、子育てや夫、ときには姑も使って、断ってきたのである。「会いたい気持ちは山々だけど、夫が出張から戻ってくる日だから」みたいに。60過ぎると、その理由がなくなるから、途方に暮れるわけ。

というわけで、断る理由を作ればいいのである。私は、「夢中になれる何か」を持つことを、熱烈おススメする。

自分の陣地を決める

特に、前出の二つ目のなげきのように、「愚痴につかまってしまう」人は、絶対に必要だ。

愚痴を延々に聞かされると、脳は疲弊して、あらゆる勘が鈍ってしまう。60過ぎた脳で、そんなことをされたら、帰りに階段ですべって、骨折してしまうかも。愚痴につかまるなんて、命に関わる。絶対に逃げ切らなきゃ。

「忙しいから」なんて曖昧な理由で、しゃべりたがっている女が踏みとどまるわけがない。「買い物に行く」ではついて来られちゃう。「エステに行く」はそう頻繁に使えない。子どもが育ってしまった世代は、言い訳が少なくて、けっこう危ない。一人暮らしだと、もっと早いうちから危ない。

まずは、「わたし」の陣地を決めないと。人を容易には立ち入らせない境界線をしっかりと作るのである。コツは、何か、夢中になれるものを持つこと。ダンス、英会話、カフェでミステリーを読むこと、韓流ドラマ、ゲーム、クロスワードパズル、資格試験に挑戦などなど、要はなんだっていい。

「話を聞いて」と呼び止められても、「英会話のネットレッスンがあって、急いで帰らないと。ごめんなさいね」と走り去れるでしょう？

「今週末は、○○ね」と決めつけられても、「ダンスのレッスン会があるから、無理」と言えるじゃない？

嘘の言い逃れには、迫力がない。女同士なら見破られて、何のバリアにもならない。本気で一生懸命になれるものを作ったほうがいい。できれば複数がいい。楽しむ系ひとつ、勉強系ひとつ、社会貢献系ひとつ。

「夢中になれるもの」で自分の陣地を固めて、本当に近寄らせたい人だけ、そっと境界線の中へ入れてあげればいい。

友を気にする、を捨てる

大人になったら、友は選んでいいのである。

誰かが愚痴を聞いてあげなきゃかわいそう？　そりゃそうなんだが、それは、愚痴のある同士で、お互いの愚痴をぶつけ合って解消してもらうのが一番だ。話を聞いてもらいたい人は、必ず誰かを見つけ出す。つらい気持ちのあなたが、身を挺してあげる必要はないのである。

それに本当は、愚痴を垂れ流す癖は止めたほうがいい。愚痴を垂れ流す人は、脳のネガティブ回路が活性化して、ネガティブな事象を引き起こす確率が高くなる。失敗三カ条を思い出してほしい。失敗をぐずぐず言うと、かえって失敗しやすい脳に変わる。あれと一緒である。愚痴を垂れ流していると、結果、ぱっとしない人生から抜け出せない。

身近な友人が、愚痴を垂れ流すようなら、このことを真摯に伝えてあげてほしい。

「脳のネガティブ回路が活性化しちゃうらしいよ。何か楽しいことを考えない？」って。

それでもだめなら、この人を気にするのを止めていい。罪悪感が残るとしたら、黒川伊保子のせいにしてくれていい。誰かの脳が沈んでいくのに引き込まれて、あなたまで溺れないでほしいから。

どうか、幸せな60代を過ごしてください。

おわりに

この本を読んだ若い世代が、「いいなぁ、60代。早くなりたい」なんて言ってくれたらいいなぁと思いつつ、書いた一冊である。

60以上の人が読んでくれたら、きっと、楽な気持ちになったはず。

いかがでしたか。


20世紀の脳科学の研究室で、私はある日、確信した。

私たちは、この「地球というアトラクション」を楽しみにやってきた。しかも、「何年間」という期限も決めて。そして、そのことを脳は知っている（詳しくは本文をお読みください）。

その日から、私は、脳にすべてを任せることにした。

脳が決めた日まで、私は、この星を満喫する。つらいことはすべて、その後の喜びのための演出であると心得る。だって、感情の起伏のないドラマを誰が観るだろう？

何も心配することはない。脳がその日に向かって、うまく老いて、やんわりと機能停止させてくれるに違いないから。老いも死も、なにもネガティブじゃない。

なによりも重要なのは、「人生は、自分のためにある」ということ。自分がこのメニューを選んだのである。私は、他の誰かのために用意された生き物ではない。自分のために用意された人生を、自分のために使いきろう。

たしかに、人類には、人生の一時期、世間体を気にしなくては生き残れない期間がある。人類は、周囲に認められないと狩り（事業）に参加できないし、子育ても完遂できない。動物界最大のリスクを抱えた子育てなんだもの（生まれて一年も歩かないなんて、人類だけだよ！）。

だけど、子育てが終わり、仕事も一段落した60代が、世間を気にする必要がある？

世間が決めた尺度で、自分を評価する必要が？

「頭がいい」の定義を、「新しいことをすばやく覚えられること」としてしまうと、28歳を超えたら、がっかりしながら生きていくしかない。

「美しさ」の基準を、「若さがもたらしてくれるそれら」にしてしまうと、50歳を過ぎたら、がっかりしながら生きていくしかない。

「人生」の目的を、「いい就職、いい結婚、子どもを立派に育てる」にしてしまうと、子育て終了後は、目標を見失って生きていくしかない。

しかもこれらの正しさは、「子育て期限定」の正しさであって、万人の正しさでもないのに。


人生は、「若さへの憧憬と、老いていく自分への寂しさ、不安」で生きていくには長すぎる。「世間の正しさ」を踏襲して生きようとするには残酷すぎる。私には、そう思えてならない。

「脳は、この人生を、自分で選んで始めた」

この私の確信は、証明できる類のことではない。でも、きっと、正しい。だって、そう考えると、腹に落ちることがたくさんあるし、何より、老いも死も、一気にネガティブじゃなくなるもの。

60を過ぎてから、なんならもう40年も生きる人生で、その40年をネガティブに生きるなんて、絶対、違う気がする。脳の成り立ちが、そんな不合理であるわけがない。


というわけで、この本には、「脳に導かれるままに、自分の人生を生ききる」と決めた私の「60歳以上の人生の取り扱い方」を書いてみた。

私の経験から言うと、この生き方はうんと楽だが、「世間の正しさ」を踏襲して生きている友人知人には、ときどきたしなめられることがある。その場合は、「黒川伊保子のおススメなの。まぁ、あの人も、たしかにどうかとは思うけどね」と、私のせいにして、するりと逃げちゃってください。せっかく自由になった枷《かせ》に、再びはまらないで。願わくば、その方にも、この本、読んでもらいたいなぁ。60歳からの人生を謳歌する人がひとりでも増えたら、本当に嬉しい。

この本は、一人の女性のために企画された。編集の赤地則人さんが「母の還暦祝いに贈る一冊」として熱烈希望してくれたのである。初孫に気と手をとられて執筆意欲の湧かない私の元へ何度か足を運んで下さった。おかげで自分自身にもエールになる一冊を書き上げることができた。私に筆をとらせてくれた赤地さんに心から感謝すると共に母上、陽子さんの還暦を心からお礼申し上げます。

20代に想像したほど、60代は捨てたものじゃない。

まだまだ年上の方々から、「若いわね」「いいねぇ」なんて言われるし（上には上がいる、ある社交倶楽部の主賓テーブルにお邪魔したら、「昨日、80になりまして」「え、きみ、70代だったの！　若いねぇ」「おめでとう。やっと大台か」という会話が飛び交ってました。私が唖然としていたら、「あなたはお嬢ちゃんと言ってもいい域」と言っていただきました）、趣味でつながった下の世代からは、ちゃんと仲間扱いしてもらえるし（まだ、「年寄りを気遣う」感じはしない）。

世間体から自由になっていい最初の10年、考えてみれば、こんなに充実した年代は他にないかもしれない。

どうか、お幸せに。

２０２３年3月、２０８２年に60歳になる兒太朗さんの寝顔を眺めつつ

黒川伊保子

黒川伊保子（くろかわ いほこ）
脳科学・人工知能（AI）研究者。
1959年、長野県生まれ。奈良女子大学理学部物理学科卒業後、コンピュータ・メーカーにてAI開発に従事。
2003年より（株）感性リサーチ代表取締役社長。語感の数値化に成功し、大塚製薬「SoyJoy」など、多くの商品名の感性分析を行う。また男女の脳の「とっさの使い方」の違いを発見し、その研究成果を元にベストセラー『妻のトリセツ』『夫のトリセツ』（共に講談社）、『娘のトリセツ』（小学館）、『息子のトリセツ』『母のトリセツ』（扶桑社）を発表。他に『母脳』『英雄の書』（ポプラ社）、『恋愛脳』『成熟脳』『家族脳』（いずれも新潮文庫）などの著書がある。

写真／©青嶋雄介
デザイン／塚原麻衣子

扶桑社新書 463

60歳のトリセツ

発行日 2023年 5 月 1 日　初版第1刷発行
2024年12月20日　第8刷発行

著　　者………黒川伊保子
発 行 者………秋尾弘史
発 行 所………株式会社 扶桑社
〒105-8070
東京都港区海岸1-2-20 汐留ビルディング
電話 03-5843-8842（編集）
03-5843-8143（メールセンター）
www.fusosha.co.jp

DTP制作………株式会社 Sun Fuerza
印刷・製本………株式会社 広済堂ネクスト

Printed in Japan　ISBN 978-4-594-09445-4